자기가 하는 일에 신념을 갖지 않으면 안 된다.
그리고 누구나 자기가 하는 일이 좋다고 굳게 믿으면 힘이 생긴다.

괴테

나 자신의 삶은 물론 다른 사람의 삶을 삶답게 만들기 위해
끊임없이 정성을 다하고 마음을 다하는 것처럼 아름다운 것은 없다.
톨스토이

느긋하게 행복한 나무늘보처럼 살고 싶어 하는

__________________ 에게

이 책을 드립니다.

FROM. __________________

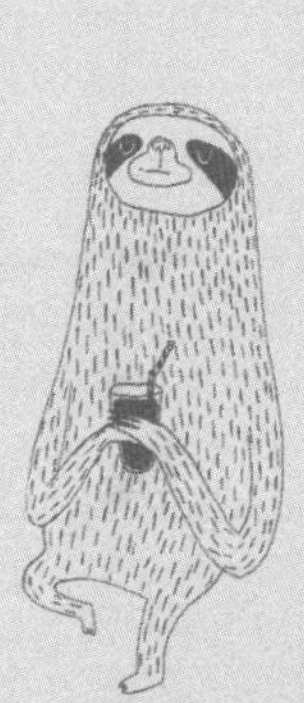

인생의 목적은 일과 건강과 행복이다.
일에는 즐거움이 있고 건강이 있다.
자기 직분에서 즐거움을 느끼고 보람을 찾는 사람은 틀림없이 성공한다.

헨리 포드

First published in Great Britain in 2018 by Michael O'Mara Books Limited, 16 Lion Yard, Tremadoc Road, London SW4 7NQ

지친 당신에게
고요를 선물합니다

지금 당장 행복해지고 싶다면…

지친 당신에게 고요를 선물합니다

펴낸날 2020년 5월 15일 1판 1쇄

지은이 팀 콜린스
그린이 루카 바
옮긴이 김문주
펴낸이 강유균
편집위원 이라야 남은영
기획·홍보 김아름
교정·교열 이교숙
경영지원 이안순
디자인 현애정
마케팅 신용천

펴낸곳 리드리드출판(주)
출판등록 1978년 5월 15일(제 13-19호)
주소 경기도 고양시 일산서구 고양대로632번길 60, 207호(일산동, 대우이안)
전화 (02)719-1424
팩스 (02)719-1404
이메일 gangibook@naver.com
홈페이지 www.readlead.kr
포스트 https://post.naver.com/gangibook

ISBN 978-89-7277-335-1 (03320)

* 잘못된 책은 바꾸어 드립니다.
* 책값은 뒤표지에 있습니다.

이 도서의 국립중앙도서관 출판예정도서목록(CIP)은 서지정보유통지원시스템 홈페이지(http://seoji.nl.go.kr)와 국가자료공동목록시스템(http://www.nl.go.kr/kolisnet)에서 이용하실 수 있습니다.(CIP제어번호: CIP2020013921)

지금 당장 행복해지고 싶다면…

지친 당신에게 고요를 선물합니다

당신의 하루에 고요한 순간을 가져오는 법

"혼자지만 완벽하게 행복해!"

리드리드출판

느려도 괜찮아, 행복할 수 있다면

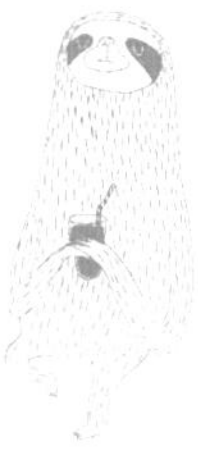

얼마 전, 중앙아메리카 열대우림을 트레킹하는데 희한한 동물 한 마리가 앞을 가로막았어. 팔다리가 삐죽하니 길고, 작고 동그란 머리에 까만 눈을 가진 털복숭이였지. 히쭉 미소짓고 있는 입이 아주 매력적이었어. 그런데 그 생명체가 내 앞을 다 지나가기까지 무려 세 시간이 걸렸다고. 맞아! 난 나무늘보를 만난 거야.

천천히 사라져가는 나무늘보의 뒷모습을 바라보고 있으니 그 웃음의 근원이 궁금해졌어. 나도 모르는 사이 느긋하게 생각에 빠져들었지. 내 시야에서 나무늘보가 완전히 사라진 뒤에야 결론을 내렸어. 나무늘보는 행복해서 웃고 있는 거라고. 그래, 나무늘보 특유의 살아가는 방식 덕분에 행복한 인생을 사는 것이었어.

나무늘보는 그저 즙이 많은 나뭇잎 한 움큼만 있으면 더 바라는 게 없지. 아주 근사한 미소를 지녔어도 인간처럼 미친 듯이 셀카를 찍거나 SNS에 올리지 않아. 기다란 엄지손가락을 가졌더라도 남들에게 보이기 위해 귀찮은 짓을 하지 않는다는 거지.

하지만 인간은 더 빠른 차, 더 큰 텔레비전, 더 호사스러운 대리석 부엌을 위해 아등바등 시간을 보내. 나무늘보들은 이런 현대인의 생활양식에 대해 이해하지 못했어. 인간의 삶의 방식을 알려주고 보여줄 때마다 "왜?"라는 반문을 습관처럼 했지. 자기들 삶과 너무나 달랐기 때문이야.

나무늘보에게 꽤나 흥미로운 실험도 해봤어. 최신판 엑셀이 깔린 노트북을 나무늘보에게 준 거야. 그들에게 문명의 편리함을 경험해보게 하고 싶었거든. 그런데 나무늘보가 최고 성능 노트북을 거들떠보지도 않고 나뭇가지 너머로 떨어뜨려버렸지. 나는 머리를 쥐어뜯고 "오, 마이 갓!"이라고 소리쳤어. 박살난 노트북을 이리저리 맞춰보기도 했고. 소용없는 일인 줄 알면서 말이야. 여기서 무슨 교훈을 얻었냐고? 당연하지. 이미 벌어진 일에 낙담하지 말라는 거야. 내가 소리 지르고 욕설을 퍼부어도 나무늘보는 꿈쩍도 하지 않았으니까. 모든 일이 내 의지대로 되지 않는다는 것을 한 번 더 목격한 거야.

인간은 5년 후, 10년 후 자신이 어떤 위치에 있을지, 어느 정도 성공해 있을지를 걱정하며 오늘을 살아. 그래서 주위 사람들도 가만히 놔두지 않지. 특히 밥 먹을 때 부모가 늘어놓는 걱정덩어리들은 밥맛을 떨어지게 해.

그런데 나무늘보는 미래를 걱정하지 않아. 똑같은 나뭇가지에서 조금 옆으로 움직였을 뿐 다른 변화는 없을 테니까. 나무늘보는 그것만으로도 충만한 기쁨을 느끼지. 거기서 나는 '띵' 하고 깨달음을 얻었어. 인간이 나무늘보처럼 산다면 더 행복해질 수 있으리라는 확신이지. 나는 나무늘보들과 함께 시간을 보내면서 그들의 방식을 배워보기로 했어. 그 깨달음을 사람들과 나누려고 말이야. 그런데 안타깝게도, 나무늘보한테 너무 큰 영향을 받는 바람에 메모를 못 남겼지 뭐야.

몇 개월 후 다시 그곳으로 돌아갔어. 세세한 내용까지 꼭 기록하기로 마음먹었지. 먼저 나무늘보 자문단을 구성했어. 연령대는 다르지만, 현명함을 갖추고 삶을 통찰할 줄 아는 나무늘보들이었지.

나는 인간이 바쁜 삶에 길든 이유를 설명하고 어떻게 행동을 바꿔야 할지 물었어. 나무늘보처럼 행복에 겨워 미소짓고 싶다는 의지도 덧붙였지. 아주 긴 과정이었어. 나무늘보들이 자꾸 잠드는 데다 텔레마케팅이 뭔지 설명하는 게 엄청 어려웠거든. 그럼에도 이 희한한 포유류에게 엄청난 지혜를 배웠어.

아, 물론 삶의 방법을 한 수 가르쳐주겠다고 자원한 나무늘보도 있었어. 그들은 인간의 삶을 개선할 방법에 대해 조언을 아끼지 않았지.

이 책을 통해 나무늘보가 전한 지혜와 삶의 속도를 그들이 직접 말하는 방식으로 알려주려 해. 살아가는 속도만 바꾸어도 더욱 충만한 삶을 살 수 있거든. 믿을 수 있냐고? 걱정하지 마. 고단한 삶을 사는 친구들과 가족에게 임상실험을 거쳤으니까. 부작용도 전혀 없었어. 그들 모두 하나같이 행복의 비결을 찾았다고 소리쳤거든. 검증받았다는 말이지.

자, 하나만 예를 들어줄게. 자연을 즐기고 있을 때 인생이 얼마나 풍요로워지는지 알 수 있을 거야. 대도시의 교통지옥에 갇혀 있다면 절대 허용되지 않는 풍요로움이지. 지금 바로 시작할 수 있어. 손에 든 샌드위치를 내려놓고, 라디오를 꺼버려. 전화 회의 중이라면 "STOP!"이라고 외쳐봐. 샤워 중이라면 수도꼭지를 잠그면 되는 거야. 어때? 가능하지. 그렇다고 너무 심하게 고개를 끄덕이지 마. 이 책을 다 읽은 다음에 목 깁스를 하게 될지도 모르니까.

더 행복한 삶을 살고 싶다면 이 생명체의 느릿함을 따라 가면 돼. 어느덧 씩 웃고 있는 자신을 발견하게 될 거야.

지은이 팀 콜린스

차례

Slow Life_Live More Sloth

- 나무늘보 속도로 천천히 사는 삶의 미덕. 아, 온종일 1mm도 꿈쩍 않는 사람이라면 나무늘보처럼 빨라지는 미덕을 배울 수도 있겠다.

- 나무늘보처럼 되면 왜 자신감이 생기는가. 절대 사냥개 그레이하운드가 되려고 노력하지 말자. 나무늘보는 작은 퍼그가 되는 것조차 무리다.

- 나무늘보의 속도는 인생에 어떻게 도움이 되는가. 쥐처럼 부산스럽게 경쟁하는 당신에게.

- 나무늘보처럼 평온하게 밥 먹는 법.

- 사교적인 나비social butterfly보다 사교적인 나무늘보가 더 나은 이유.

- '엎드린 나무늘보 자세'가 가져다주는 행복. 일단 두 팔을 쭉 뻗고 바닥에 누워보자.

- 나무늘보스러운 부모되기.

- 나무늘보처럼 푹 자는 법.

- 나무늘보답게 살기 위해 집을 재정비하는 법.

- 나무늘보 요가의 아주 오래되고 신비한 기술.

- 깨달음을 얻도록 당신을 이끌어줄 취미.

- 나무늘보처럼 대자연과 연결되는 법.

- 나무늘보스럽게 옷 입는 법.

- 평정심을 유지하기 위한 나무늘보만의 비법.

- 나무늘보답게 삶의 주도권을 되찾는 법.

토끼와 거북이의 진짜 이야기를 아니?

'토끼와 거북'라는 이솝우화를 들어봤지? 거만한 토끼 한 마리와 거북이가 달리기 시합하는 이야기잖아. 당연히 이길 것이라고 자신만만했던 토끼는 시합 도중 낮잠을 자버렸고 신중한 거북이는 느리지만 꾸준한 걸음으로 결국 승리하지.

사실 이 이야기의 초고는 '토끼와 거북, 그리고 나무늘보'라는 제목이었어. 나무늘보는 나무 꼭대기에서 두 동물을 내려다보며 남과 경쟁하는 시합은 왜 하느냐고 물었대. 아늑한 나뭇가지에 매달려 있으면 숨 막히는 경쟁에 뛰어드는 것보다 훨씬 즐거움을 느낄 수 있다면서 말이야. 토끼와 거북이가 생각해보니 맞는 말이었어.

이솝 입장에서는 이야기가 진전되지 않으니 답답했지. 그래서 어쩔 수 없이 경쟁의 방해꾼 나무늘보를 확 빼버린 거야. 이솝이 줄거리를 고친 건 너무 안타까워. 나무늘보의 지혜가 그때부터 전해졌더라면 인류는 지난 2천 년 이상의 세월 동안 평안을 얻을 수 있었을 텐데. 우선 그 많은 올림픽 경기와 성적평가에서 구원받을 수 있었을 거라고!

Chapter 1

나무늘보스러움을 실천하는 법

나무늘보스러움이란 분주한 마음을 가라앉히고 현재에 초점을 맞추는 것을 의미해. 자신을 있는 그대로 수용하려는 마음이지. 수련하는 동안 나무늘보인 척해야 한다는 사실만 빼고 말이야.

나무늘보스러움은 어느 곳에서나 연습할 수 있어. 가장 좋은 방법은 똑바로 누워서 팔을 쭉 늘어뜨린 후 고개를 옆으로 돌리는 거야. 사무실에서 누군가가 뭐하냐고 묻는다면, 나중에 설명해주겠다고 대답한 후에 눈을 감아버려. 그리고 깊게 숨을 들이마셔. 숨을 내쉬면서 숨소리와 몸속에서 공기가 순환되는 것에 느껴봐. 코로 들어온 산소가 기관지를 거쳐 폐로 들어가 맑게 걸러진 뒤 뇌와 각 세포에 전달되는 것까지. 기분이 상쾌하고 몸이

가벼워질 거야.

꼭 해야 할 업무나 당신을 돌려 까는 말에 마음이 혼란스러울 때는, 숨쉬는 것에 더 집중해야 해. 숨을 들이마실 때 열리는 가슴과 머리의 시원함을 느껴보는 거야. 숨을 내쉴 때는 편안하게 밀려드는 느긋함을 맛볼 수 있어. 오, 제발 미래나 과거에 대해서는 생각하지 마. 생각들은 모두 시끄러운 동물들이야. 연말정산을 하라는 귀찮은 독촉은 큰소리로 짖어대는 원숭이고, 오븐을 켜놓은 채 그냥 출근했을지도 모른다는 걱정은 날카롭게 울부짖는 앵무새이고, 늘 마음 한편을 찜찜하게 만들거나 일을 제대로 하지 못했다는 느낌은 아마존 나무귀뚜라미 수백 마리가 시끄럽게 짹짹대는 소리지.

이 짜증나는 동물들을 한 마리씩 제거해봐. 숨쉬기에 집중하며 걱정을 쫓아버리고 날려버리는 거지. 당신 곁에는 푸르고 싱그런 잎사귀를 가진 울창한 나무들만 남기는 거야. 그때 나무늘보 한 마리는 행복이 넘치는 표정으로 여유를 만끽하지. 생각만

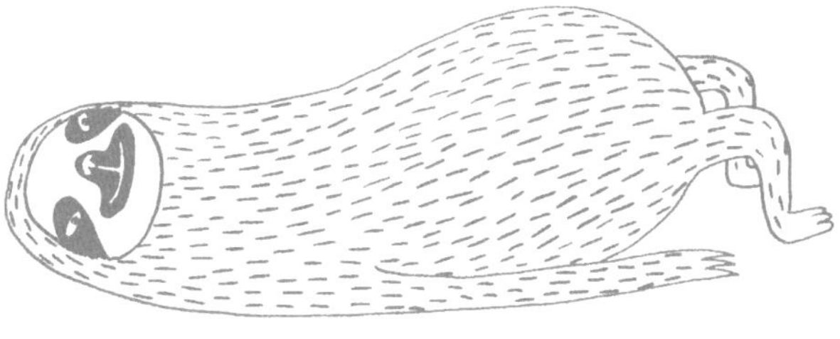

으로도 흐뭇해지는 이 상황은 내면의 독백을 가라앉혔을 때 가능해. 진정한 평정심을 경험하려면 실천과 수련이 필요한 거야. 나무늘보의 끈기를 연습하면 해낼 수 있어.

어허, 책장을 벌써 넘기려면 어떡해. 급하게 서두르지 마.

잠깐, 숨 좀 돌리면서 천천히.

원시 나무늘보는 6미터 키에 몸무게는 4톤까지 나갔어.

5천만 년 전부터 1만 1천 년 전까지 남아메리카에서 살았대.

원시 나무늘보들이 멸종됐다는 건 참 안타까운 일이야.

코끼리만한 나무늘보라면 최고로 사랑받는 애완동물이 됐을 텐데.

Chapter 2

속도를 늦추는 연습이 필요해

오늘날은 모든 게 빠른 속도로 흘러가. 차를 주차시키고 내려서 매장에 들어가는 시간도 아까워 드라이브 스루 패스트푸드점에 들리지. 몇 번의 입놀림으로 허기를 채우고 빠른 속도감을 자랑하는 '분노의 질주Fast and Furious' 시리즈 신작을 관람하러 부리나케 집으로 달려가는 거야. 그 영화가 얼마나 최악이었는지 후다닥 수다를 떤 다음 눕지. 그렇지만 깊이 잠들지 못하는 렘수면Rapid Eye Movement Sleep장애에 시달리지. 그 원인은 어디에 있을까? 바로 불안하기 때문이야. 남들보다 처질까 봐, 남들이 앞질러갈까 봐 마음을 놓지 못하는 것이지.

그래서 스스로 끊임없이 바쁘게 움직여야 한다고 다그치는 거야. 직장에서는 빽빽한 회의와 마감일로 스케줄표가 새까맣지. 엄청난 양의 업무를 떠안아야 안심해. 할 일이 없으면 불안해서 손톱을 물어뜯어. 퇴근한다는 건 허드렛일과 손봐야 할 구석이 가득 찬 집으로 다시 출근하는 거야. 와, 대단하지. 혼자서 지구를 구하는 것 같잖아.

이런 일들은 나무늘보에게 일어날 수 없어. 한 시간에 240미터를 움직이기 때문에 시간에 쫓기거나 불안의 압박도 전혀 느끼지 않거든. 그 누구와도 빠름을 가지고 경쟁하지도 않지. 고공비행하며 먹이를 노리는 남미수리만 없다면 말이야. 그래서 하늘을 둥둥 떠다니는 구름을 몇 시간이고 멍하니 바라볼 수 있는 거야. 하늘이야말로 나무늘보들이 보는 넷플릭스 상영관이야. 변화무쌍하게 움직이는 구름을 보노라면 판타지를 경험하게 해주니까. 단 1초의 정지화면도 없어.

나무늘보처럼 속도를 늦추고 사는 법을 연습하다 보면 인생에서 더 많은 것을 얻고 배우게 될 거야. 밥 먹는 데 충분히 시간을 들여 봐. 씹고 삼키는 몸의 움직임을 느낄 수 있어. 직장에서 더 천천히 일하면 효율적으로 업무를 해낼 수 있지. 꾸준히 맡은 일을 해나가면서 일과 일 사이에 휴식을 취할 수 있고, 느린 속도로 걷거나 읽는 활동을 하면서 구석구석까지 살필 수 있게 되지. 고작 몇 분 후면 다음 지하철이 올 텐데 무리해서 눈앞의 지하철에 올라타지 말고, 앞차가 좀 느리게 간다는 이유로 그 차 뒤꽁무니에 바짝 붙어 위협하지 말라는 얘기야. 자신만의 속도로 잘 달리고 있는 것이니까!

편드는 게 의심스럽다고? 그래 편드는 거 맞아. 그 차에 행복한 나무늘보가 타고 있거든!

나무늘보들은 몇백만 년을 살아남았어.

주요포식자들이 사방을 뛰어다니며 사냥하는 동안에도

한 곳에 눌어붙어 있었기에 이들 시야에서 벗어나

몇천 년을 더 느긋하게 살 수 있었지.

나무늘보만큼 느릿해져봐. 바쁜 삶이 가져다주는 폐해에 맞설 수 있어.

나무늘보가 독수리와 뱀, 표범에게서 도망치듯 스트레스와 불안,

일의 과부하에서 벗어나게 될 거야.

나무늘보처럼 사는 방법에 감이 잡힌다면

인생의 가속페달에서 발을 서서히 떼어봐

사는 속도를 시속 240미터로 바꿀 시간이 온 거야.

Chapter 3

사는 게 다른 거지
틀린 건 아니야

쥐처럼 한시도 가만있지 못하는 직원과 나무늘보처럼 느릿한 직원이 있다고 가정해봐.

쥐타입의 직원은 아침 6시에 일어나 만원 지하철에 억지로 몸을 끼워 넣고 출근하지. 릴레이로 이어지는 회의 내내 엉덩이 한 번 떼지 못하다가 밀린 업무에 치여 허둥지둥 허겁지겁 일을 처리하고, 퇴근 시간이 훨씬 지난 뒤 집에 와서는 침대에 엎어져 버리지. 다음 날에도 이 모든 걸 다시 또 반복하고.

나무늘보타입의 직원은 아침 7시 알람에 맞춰 일어나. 뜨거운 물로 샤워하고 모닝커피도 한 잔 마셔. 느지막이 지하철을 타는데 가장 바쁜 시간을 피한 덕에 오히려 빈자리를 차지해. 이 직원은 하루 업무에 대해 계획을 세운 다음, 그에 맞춰 키보드를 두드리다가 적당한 시간에 점심을 즐겨. 잠깐 산책도 하고 말이야. 오후에 집중해서 일하고 정시에 퇴근해. 그런데도 나무늘보타입이 쥐타입보다 더 많은 일을 해내지. 어떻게 이게 가능할까?

업무 스타일

쥐타입은 업무에서 업무로 휙휙 넘어 다니며 바빠 보이지만 실제로는 딱히 완수하는 일이 없다.

나무늘보타입은 일을 시작하기 전, 이를 달성하기 위해 무엇을 어떻게 해야 하는지 제대로 파악하고 과정을 세심하게 분석한다.

쥐타입은 멀티태스커multitasker처럼 업무와 업무를 번갈아 넘나들지만, 어떤 일도 제대로 끝마치지 못한다. 바빠서 한 가지 일에 집중하지 못하고 서두르다 일을 그르친다.

나무늘보타입은 한 번에 한 가지 일만 한다. 한 가지 일이 끝날 때까지 붙잡고 있다가 그 일을 마무리한 후에 다음 일로 넘어간다.

쥐타입은 수시로 이메일을 체크한다. 전화를 걸면 당장 해결될 일인데 오지 않는 이메일만 탓한다.

나무늘보타입은 이메일을 한꺼번에 처리하기 때문에 종일 매달려 있을 필요가 없다. 누군가는 더 빨리 답장하지 않는다고 짜증내지만 나무늘보는 여기에 신경 쓰지 않는다.

쥐타입은 하루에 처리할 수 있는 수준보다 더 많은 일을 욱여넣는다. 늦게까지 일하면서 수만 가지의 일을 처리하지만, 그 어느 일에서도 화끈한 진전을 보지 못한다.

나무늘보타입은 그날에 맞는 현실적인 목표를 세운다. 꾸준하고 성실하게 처리하다가 일이 모두 끝났을 때 하루를 마무리한다.

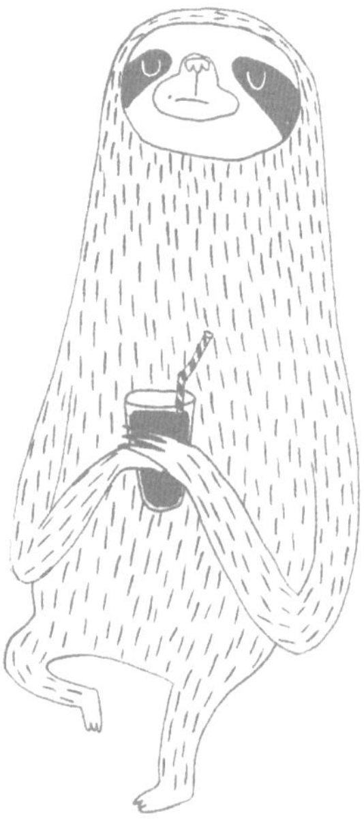

좀 더 나무늘보스러워지려면

하나. 한 가지 일에만 집중할 때와 멀티태스킹 해야 할 때를 파악하자. 하고 싶은 일들을 어떤 순서로 처리할지 계획을 세우자.

둘. 이메일 답장하기와 전화 걸기, 문자 보내는 일들을 한 덩어리로 묶자. 하루 내내 소소한 일들에 매달리지 않아야 한다.

셋. 임무를 처리할 때는 나무늘보가 나무를 고를 때처럼 혼신의 힘을 다 쏟자.

생활 스피드

쥐타입은 공포에 질려 온종일 전전긍긍한다. 어려운 고비를 맞이할 때마다 스트레스를 받아 모골이 송연해진 채로 사무실을 배회하고 전화기에 대고 소리를 지른다.

나무늘보타입은 신중한 속도로 끈기 있게 일한다. 가끔 스트레스를 받을 때도 있지만 그 상황에 휘둘리기보다는 오히려 힘을 얻는다.

쥐타입은 잠시도 쉬지 않고 정신없이 이 일 저 일에 매달린다. 시간에 쫓겨 중요한 일을 한 가지도 완수하지 못한 채 다음 날로 넘기는 경우가 허다하다.

나무늘보타입은 일과 일 사이에 짧은 휴식을 취한다. 잠시 휴식과 고요함을 즐기며 에너지를 충전한다. 다시 일을 시작할 때는 새로운 기분으로 상쾌하게 임한다.

쥐타입은 느긋하게 점심 먹을 여유가 없다. 일이 밀려 있어 사무실을 떠나지 못하고 샌드위치로 점심을 때운다. 오후 늦게는 슬럼프에 빠져 성과를 내지 못한다.

나무늘보타입은 조용하고 푸른 잎사귀가 많은 공간을 찾아

점심시간을 보낸다. 대도시 한가운데 위치한 좁은 풀밭이라도 상관없다. 충분한 시간을 들여 먹는 행위에 초점을 맞추고 맛을 음미한다. 그 후 한결 산뜻한 마음으로 생산적인 오후를 보낸다.

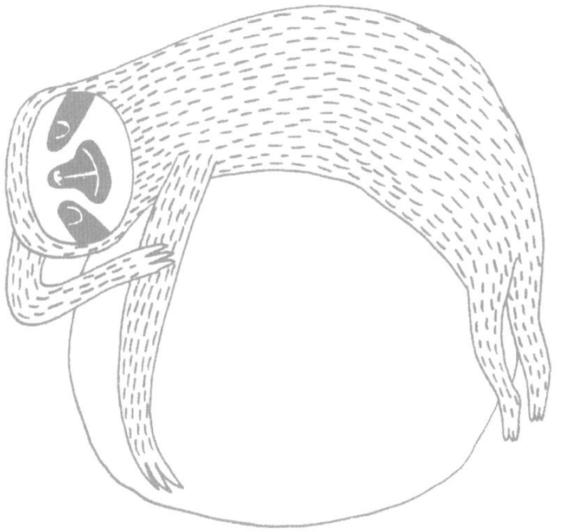

더욱 나무늘보스러워지기

업무와 업무 사이에 휴식을 가져야 해. 잠시 밖으로 나가 햇볕을 쬘 수도 있어. 아니면 이슬비를 맞을 수도 있고. 쥐타입의 동료는 빈둥거린다고 생각하겠지만 신경 쓰지 않는 게 정신건강에 좋을 거야. 업무 결과가 당신 능력을 보여줄 것이니까.

그래, 하려던 일을 잠시 미루고 10분 만이라도 쉬어봐. 당신이 응급실에서 일하는 외과의사라면 그럴 수 없겠지만 그렇지 않다면 하늘도 한번 올려다보고, 창밖 멀리 보이는 산봉우리나 강물에 시선을 둬. 제발 한 뼘밖에 안 되는 종이뭉치와 시력을 강타하는 모니터에서 눈을 떼자는 거야. 단 1초라도. 오케이?

라이프 스타일

쥐타입은 갈 수 있는 모든 회의에 다 참석한다. 자신이 얼마나 바쁜지 보여주고 싶기 때문이다.

나무늘보타입은 굳이 참석할 필요가 없는 회의에 가지 않는다. "아니오!"라고 거절하는 것을 두려워하지도 않는다.

쥐타입은 회의마다 가능한 한 많은 말을 쏟아낸다. 한 말을 되풀이하는 것이라도 상관없다. 자신이 가장 많은 시간을 발언하면 된다고 믿는다. 다른 사람이 하는 말에 귀를 기울이기보다 다음에 해야 할 일을 생각한다. 누군가가 의견을 물어오면 횡설수설하며 둘러댄다.

나무늘보타입은 현재에 집중하며 다른 사람 말에 충분히 귀를 기울인다. 다음에 해야 할 일을 미리 걱정하지 않는다.

쥐타입은 아무것도 이룬 게 없다고 좌절한다. 이제 갓 들어온 인턴에게 왜 헤이즐넛 라떼가 아니라 캐러멜 라떼를 가지고 왔냐고 소리소리 지르며 괴롭힌다.

나무늘보타입은 해야 할 일들을 차례대로 꾸준히 해나간다. 하나를 끝마칠 때마다 그 성취감을 만끽한다.

쥐타입은 자신의 입신에 도움이 될까 싶어 사내정치에 힘을 쏟는다. 자기 이익을 위해 언제나 손을 비벼대거나 비빌 준비를 하고 있다.

나무늘보타입은 패거리에 끌려다니지 않는다. 아, 남미수리와의 관계에 도움이 될 만할 때는 제외한다. 어쨌든 남미수리에게 잡아먹힐 일은 피해야 하니까.

쥐타입은 직장의 부정적인 측면에 대해 계속 생각한다. 팀장이 멍청하다든지, 월급이 충분치 않다든지, 자기가 하는 일만큼 인정받지 못한다고 끊임없이 투덜댄다.

나무늘보타입은 직장의 긍정적인 측면에 대해 계속 생각한다. 개선이 필요한 부분을 깨닫고 있지만, 거기에 집착하는 대신 성공적으로 잘 흘러가는 일들에 감사함을 느낀다.

쥐타입은 집에 가면 일을 제대로 하지 못했다고 자책한다. 마음이 편치 않아 다음 날 무슨 일을 해야 하는지도 계속 떠올린다. 조바심으로 잠도 푹 자지 못한다.

나무늘보타입은 자신이 성취한 것들에 대해 행복해한다. 아주 흡족한 저녁을 즐긴다.

좀 더 나무늘보답게 살려면

참석할 필요 없는 회의는 접어버리고, 꼭 가야 할 회의에 집중하면 돼. 정신을 바짝 차리고 훌륭한 청자聽者가 되도록 노력하는 거지.

인간들은 잘못되어가는 일에 초점을 맞추는 경향이 있어. 안절부절못하니 다른 일이 손에 잡히지 않지. 이러한 습관은 버리는 것이 좋아. 일과 관련해 보람 있는 부분이나 잘한 일들을 의식적으로 떠올려보는 거야. 인정받았던 말들이나 칭찬하며 토닥여준 두들김을 되새겨보는 거지. 얼마나 뿌듯했는지 고스란히 되살려보는 거야. 어깨도 쭉 펴고!

퇴근하면 책 읽기나 그림그리기, 산책같이 평온하고 느긋한 상태로 만들어줄 어떤 일에 집중해봐. 본업과는 완전히 다른 활동으로 기분을 전환하는 거지. 긴장을 빨리 완화시킬 수 있어. 로큰롤 음악을 크게 틀어놓고 몸을 마구잡이로 흔들어대도 좋아. 박자 따위는 무시해버려. 절대로 나무늘보가 맞출 수 없는 박자거든.

주위에 평온을 선물하기

쥐 한 마리가 앞을 가로질러 간다면 대부분 혐오감에 몸을 부르르 떨 거야. 반면에 나무늘보 한 마리가 느릿느릿 걸어간다면 재미있어 하겠지. 그 자리에 서서 카메라를 들이대고 호들갑스럽게 "대박!"이라고 외칠 거야. 느린 속도 덕분에 100장의 사진은 너끈히 건지겠지.

회사에 혐오스러운 쥐타입의 직원 대신 사랑스러운 나무늘보타입의 직원이 득실거린다면 얼마나 멋지겠어. 첫 나무늘보타입의 직원은 바로 당신이어야 해. 그리고 동료들에게도 다같이 나무늘보가 되자고 영감을 주는 거야. 직장이 평온한 열대우림으로 바뀌는 경이로움을 경험할 수 있어.

삶을 풍요롭게 만드는 취미

나무늘보는 다양한 취미가 필요 없어. 자고 먹고 나무에 오르는 것만으로 완벽하게 행복하거든. 하지만 인간들은 스트레스 넘치는 삶을 살고 있어서 이를 풀어주어야 해. 문제는 취미에 과도한 노력이 필요하기에 당신의 진을 빼놓을 수 있다는 거야. 그건 용납할 수 없는 일이지.

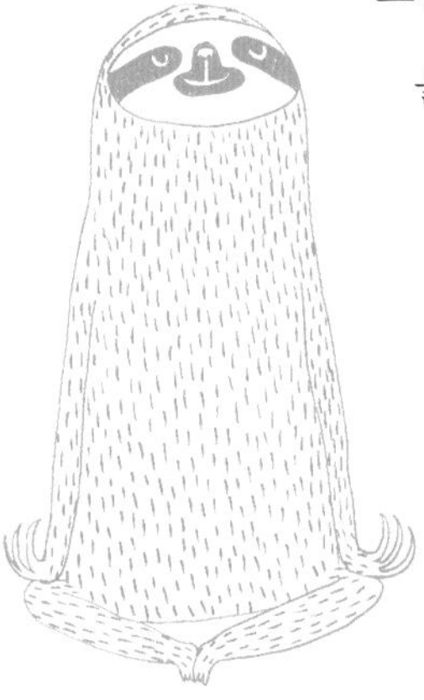

나무늘보 자문단은 인간의 취미 열 가지에 대해 토의를 했어. 어떤 취미가 가장 많은 지지의 하품을 받았는지 알려줄게.

창조하는 즐거움_예술

수채화를 그리면서 한두 시간 조용히 보내는 것은 아주 마음에 들어. 나무늘보스러움을 실천하기에 좋은 방법이야. 나무늘보다운 그림 그리기는 창작의 과정을 즐기는 것이지. 물과 물감의 어울림을 감상하고 색상선택과 종이 위의 붓놀림에 집중하면

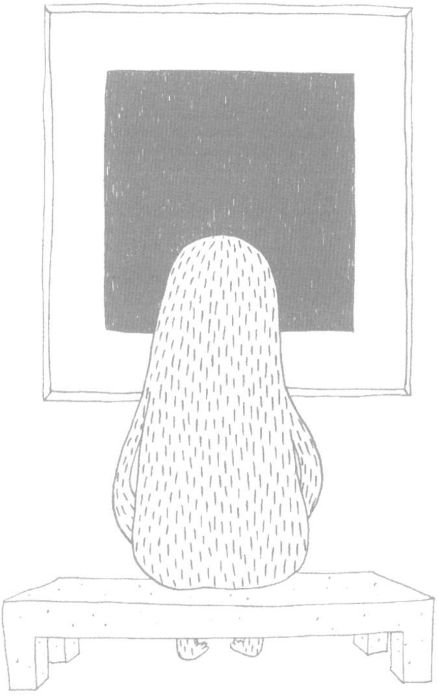

서 마음을 진정시키는 거야. 깐깐한 미술 선생이 뭐라고 지적할까 염려하지 말고 온전히 자기 감각대로 그리고 칠하는 것이지. 아, 뛰어난 예술가가 되겠다는 욕망은 멈춰야 해.

다른 예술에 대해서는 생각을 좀 해봐야겠어. 조각은 너무 힘들잖아. 대리석을 떼어내거나 철판을 두드리는 일은 노동하고 다를 게 없어. 추상미술은 좋은 것 같아. 고정된 인식을 바꿔놓기 위해 소변기 같은 사물을 미술관에 갖다 놓는 예술 말이야. 힘들게 노력하지 않아도 된다는 점에 감명을 받았거든. 그거라면 나무늘보도 유명한 미술상에 도전할 수 있다는 희망이 보여. 작품 구상도 마쳤어. 씹다 뱉은 껌을 나뭇가지를 짓이겨놓는 거지. 나무늘보는 상에 연연하지 않아. 예술 그 자체를 사랑하지.

그런데 수상소감은 뭐라고 하지?

기록에 연연하지 않기_마라톤

세상에, 그게 가능해? 설마 나무늘보가 기겁하기를 바라고 하는 얘기가 아니지? 최고기록을 경신하려는 마라토너들이 있다는 사실이 믿기지 않아. 나무늘보는 근처에 치명적인 적이 있을 때조차도 달리지 않아. 숨어버리지. 당신이 러너라면 뛰지만 말고 가만히 서서 주위 환경과 어우러지는 편을 택해봐. 나무늘보는 수백만 년 동안 그래왔기 때문에 그 이로움을 잘 알고 있어. 말로는 그 감동을 설명할 수 없지.

해보겠다고? 좋아. 그렇다면 당장 손에 들고 있는 스톱워치를 꺼두라고. 시간의 흐름보다 구름의 흘러감을 느껴야 하니까.

걸으며 발견하는 기쁨_걷기

산책한다는 개념은 좋아. 특히 열대우림을 닮은 녹지를 걸을 수 있다면 더욱 좋겠지. 걷기는 고요를 선물하고 느긋함을 얻는 최고의 방식이니까. 번잡한 도심을 벗어나 우거진 초목 속에서 살아가는 삶을 사랑한다면 유익이겠지. 나무와 풀들이 생각을 차분하게 가라앉히도록 도와주니까.

산책하러 나왔을 때 너무 빨리 걷지 마. 걸을 때는 나무늘보의 최고속도인 시속 240미터를 유지해야 해. 동네 한 바퀴를 하루에 한 바퀴 도는 것과 일주일에 한 바퀴 도는 것의 차이점은 없어. 사람들이 좋아하는 메달이나 트로피가 걸린 문제도 아니니까. 천천히 걸으면서 고개를 숙이고 무릎을 굽혀야 볼 수 있는 키 낮은 들꽃도 들여다보는 거야. 흔들림으로 전하는 꽃의 인사도 반갑게 받아주는 거지. 안녕!

아름답게 가꾸는 손길_정원 가꾸기

정원사들은 무의식적으로 나무늘보의 상태로 접어들곤 해. 가지를 치고 나무를 돌보며 잔디를 깎는 동안 내면의 독백을 접고 자연과 하나가 되거든. 전화를 받지 않고 컴퓨터 화면에 코 박지 않으니 그와 관련된 모든 스트레스가 떠나는 거야. 복잡했던 생각은 자연스레 바람 따라 흘러가고 흙내음에 취해 평온한 상태로 접어드는 거야.

이웃집 마당에 라디오만 켜놓지 않는다면 조용한 시간을 즐길 수 있지. 설령 옆집 사춘기 아이가 마이크에 대고 로큰롤을 불러대더라도 나무늘보의 마음을 싹틔워봐. 열대우림에서라면 시끄러운 마코앵무새와 짖는원숭이들 사이에서도 나무늘보는 방해받지 않으니까. 자기가 하는 일에 집중하면서 모든 소음을 차단하는 거야.

한 가지만 물어볼게. 정원을 가꾼다는 것에 헷갈리는 부분이 있는데, 그 맛난 나뭇잎과 꽃들에 둘러싸여 있으면서도 어떻게 단 한 입도 먹지 않을 수 있지? 인간이 나무늘보보다 더 자연을 사랑하기 때문인가? 맞는 것 같네. 자연의 아름다움을 노래하는 것은 인간뿐이니까.

마음을 가라앉히면서 찾는 평안함_명상

하품이 먼저 나오는 취미야. 이런, 오해는 하지 마. 열렬한 지지의 하품이니까. 나무늘보는 아주 오랫동안 명상 상태에 머무를 수 있어. 인간에게는 왜 이것이 생활이 아니라 취미인지 이해할 수 없을 뿐이지.

사는 게 그리 간단하지 않다는 것도 알아. 원하는 것을 먹고, 빈 것을 채우고, 바라는 것을 쌓고, 부족한 것을 높이 올리는 일이 매우 복잡하다는 것도 이해하지. 아, 사랑에 허기진다는 것도 알아. 인간은 이것들을 다 생각하느라 어지럽게 살 수밖에 없는 거야. 그러니까 먼저 비우는 연습을 해봐. 오만가지 생각이 들어찬 마음으로는 명상을 즐길 수 없어.

먼저, 옆에 있는 사람에게 꽂힌 시선을 거둬들여. 부러움, 질투, 시기, 경쟁 같은 감정이 올라오는 것들이 보이는 시선 말이야. 앞이나 뒤에 있는 사람도 봐서는 안 돼. 오롯이 자신에게 집중하는 거야. 눈을 감고 깊고 고운 숨결의 온화함을 느끼는 거지. 비워지는 데서 찾아오는 마음의 풍요로움을 만끽하는 거야.

순간의 쾌락보다 지속적인 흐뭇함_베이스 점핑

나무늘보들은 베이스 점핑base jumping 같은 익스트림 스포츠를 극도로 혐오해. 높은 빌딩이나 절벽에서 몸을 힘껏 던지는 운동 말이야. 어느 날, 나서기 좋아하는 나무늘보가 실수로 나뭇가지에서 떨어졌어. 다행히 아주 부드러운 오랑우탄 등으로 떨어져 무사했지. 몇 시간 후에 나뭇가지로 돌아온 나무늘보는 그 오싹한 경험을 평생 잊지 못하고 아래를 내려다보지도 못했어. 죽을 때까지 고소공포증에 시달렸지.

사람들이 왜 그런 무시무시한 경험을 자발적으로 하는지 이해할 수가 없어. 괴성을 지르며 타는 놀이기구도 그래. 심지어 나뭇가지에 앉아 있는 나무늘보에게 "뛰어내려!"라고 외치는 사람들도 있지. 자극적인 경험은 나누는 게 아니야. 위험을 감수하는 스릴은 순간의 쾌락을 주지만 잔잔한 평온은 오래도록 흐뭇함을 안겨준다는 것을 알아야 해.

종이에 펼쳐진 또 다른 세계의 탐닉_독서

독서의 가치는 어떤 것과 비교할 수 없지. 가운이나 담요를 두르고 편안한 의자에 앉아 몇 시간 가만히 있을 수 있다는 점에서 더욱 그래. 오래도록 책을 읽으면 나무늘보처럼 평온하고 차분한 상태로 빠져들 수 있거든.

읽는다는 것은 우리 인생에서 정말 많은 부분을 차지해. 신문을 읽는 것부터 문자 메시지며 겸손한 척 자랑질하는 SNS를 보는 것까지 말이야. 다만 모니터나 전화기 화면으로 읽는 시간이 많다면 눈 나빠짐을 조심해야 해. 종이책을 본다면 크게 걱정할 필요가 없지. 종이책이 가진 훌륭한 점 가운데 하나는 그 위에 인스타그램 어플이 깔려 있지 않다는 거야. 친구가 쿠바에서 얼마나 멋진 시간을 보내고 있는지에 정신 팔리지 않을 수 있어.

책에 묘사된 장소를 떠올려봐. 마치 그곳으로 여행하고 있는 느낌일 거야. 아름답고 이색적인 풍경은 물론 음습하고 으스스한 공간도 당신을 완전히 책에 빠지도록 만들어. 다음에 무슨 일이 벌어질지 궁금해서 빨리 책장을 넘기게 되지. 문장이 오감을 자극해 자기도 모르는 사이 몰입되는 거야.

오래전부터 멋진 책을 읽고 있던 사람들은 이 페이지를 건너뛰어도 좋아. 잔소리일 뿐이니까. 대신 가장 흥미로웠던 책을 떠올려보면 좋겠지. 그렇다고 이 책이라고 외칠 필요는 없어.

하하하!

은밀하게 자기 드러내기_글쓰기

이 세상에는 수백 가지의 글쓰기 방법이 있어. 어떤 글쓰기든 집중하고 마음을 다스리는 데 도움이 되지. 아, 술을 진탕 마시고 옛날 애인한테 장황한 쓴 이메일은 빼고. 그런 글쓰기는 전혀 도움이 되지 않아. 사랑이라는 단어를 빼면 아무것도 남는 게 없으니까.

다른 글은 모두 유용하지. 머릿속에 떠오르는 생각을 줄줄이 쓰는 일기부터 흡혈귀 야설을 쓰는 것까지, 뭐든지 다 시도해봐. 그림 그리기와 마찬가지로 글을 쓸 때면 제대로 하고 있는지에 대한 자기검열이나 내면의 비판적인 생각은 잠시 접어두는 게 좋아. 마음을 명료하게 만드는 행위 그 자체에 초점을 맞추는 거야. 완벽한 은유를 찾는답시고 우거지상을 하고 방안을 빙글빙글 돌지는 마. 그 시간에 앉아서 뭐라도 끼적거리는 게 나아. 정 쓸 것이 없다면 보고 싶은 사람 이름이라도 빽빽이 써봐. 나중에 보고 싶은 만큼 썼다고 보여주면 얼마나 감동이겠어.

은밀하게 자기 드러내기_뜨개질

실 가닥이 작품으로 탄생하니 정말 마법 같은 일이야. 스스로 성취감을 느낄 수 있는 취미라고! 한땀 한땀 정성을 다하는 단순하고 반복적인 특성에 집중할 때 나무늘보적인 상태로 접어들 수 있잖아. 나무늘보가 뜨개질을 한다면 뜨개바늘 대신 긴 발톱을 쓰면 되겠지. 하지만 어느 나무늘보도 뜨개질을 하지 않을 거야. 그냥 잠을 자겠지. 그게 가장 나무늘보다운 일이니까.

하늘을 나는 새가 있는 풍경_새 관찰하기

가만히 앉아서 침묵을 지키는 일을 생각해봐. 썩 괜찮은 취미 같지? 인간에게만. 왜 이렇게 시무룩하냐고 묻는다면 나무늘보에게 좀 더 관심을 가졌으면 좋겠어. 나무늘보의 주요포식자 가운데 독수리가 있다는 사실을 깜빡하지 말라고. 새를 살피는 건 나무늘보들이 긴장을 풀 수 없는 몇 가지 일 가운데 하나야.

도심 속에서 하늘을 나는 새를 본다는 건 좋은 일이야. 날갯짓으로 허공을 가르는 작은 새들은 시적 영감을 불러오거든. 하늘을 나는 새를 보고 싶다면 하루쯤 잔디밭을 바닥 삼아 누워봐. 어떤 친구는 놀이터 벤치에 눕기도 했지. 그는 시인이었어.

Chapter 5

제대로 먹어야
행복할 수 있어

슈퍼모델이 아닌 이상 우리는 매일 매끼 식사를 하지. 매우 당연히 여기는 행위이지만 완전히 몰입하면 유용한 나무늘보 연습이 될 수 있어.

숨을 들이마시고 내쉬는 것에 초점을 맞추는 것과 같아. 먹는 행위에 초점을 맞추는 거야. 씹히는 소리를 귀로 들어봐. 음식 재료들이 혀에서 감치는 맛을 찾아내 보는 거야. 점심시간이 끝나면 깊숙한 내면에서 고요함이 흘러나온다는 것을 깨달을 수 있어. 단, 엄청 매운 치킨 커리를 먹었을 때만 빼고 말이야. 자극적인 그 맛에 동요되지 않는 사람이라면 괜찮겠지만 나무늘보는 절대 아니라는 것을 밝혀둘게.

먹는 즐거움 맛보기

식사란 매일 치러야 할 의식 가운데 하나야. 생명 유지와 건강을 위해 중요하다는 걸 알지만 대충 넘기기 일쑤지. 점심에는 시들시들한 채소로 만든 샌드위치를 먹고, 저녁에는 질척한 랩 샌드위치를 입에 넣는 거지. 외식할 때조차 안달난 멍청이처럼 보이지 않기 위해 신경 쓰느라 스트레스를 받곤 해. 귀한 양분을 몸속에 공급하는 경건한 의식이라고 하기엔 엉망인 거야.

영양분을 채워줄 음식을 선택할 때 나무늘보처럼 느긋하고 신중해져봐. 서브웨이 샌드위치 가게에서도 메뉴 하나하나를 천천히 살펴보는 게 좋아. 당신 뒤로 어마어마한 줄이 늘어서지 않았다면 말이야.

음식이 나오면 먹기 전에 잠시 멈춰봐. 뱃속에 배고픈 감각이 퍼져가고 입안 가득 침이 고이는 느낌에 주의를 기울이는 거지. 처음 한 입 베어 문 뒤 아주 천천히 씹어봐. 음식의 질감과 풍미를 더 깊이 감상할 수 있을 거야. 지하철 매점에서 끼니를 대충 때우는 음식과는 차원이 다른 맛이지. 과식을 막는 길이기도 해.

잎사귀 한 장을 음미하는 나무늘보를 떠올려봐. 입안 가득 퍼지는 향을 느끼며 나뭇잎 씹히는 식감에 초점을 맞추고 즐기는 중이야. 충분히 씹고 시간을 들여 삼키면서 말이야. 뱃속에서 어떻게 소화되는지 주의를 기울이고, 위에 어느 정도 찼는지도 상상하지. 식스팩 근육은 없지만 적당한 때 음식 먹는 걸 중단해야 하거든. 그래서 과식으로 소화불량에 걸리는 일 따윈 나무늘보에게 일어나지 않지.

먹는 것에 미련을 버리지 못해 과식으로 부른 배를 쓰다듬으면서도 먹기를 계속한다면, 음식을 한 입 먹은 뒤 포크를 탁자 위에 내려놓는 거야. 매번 반복해서 말이야. 배가 부르게 되면 포크를 잡는 횟수가 줄어들고 마지막 한 입은 포기하게 될 거야. 밥을 천천히 먹을수록 위에서 뇌로 활발하게 보내는 '배부르다' 신호를 빨리 눈치 챌 수 있거든.

먹는 것에 집중하느라 다른 중요한 일들을 놓쳐서도 안 돼. 배가 보내는 신호에 세심하게 주의를 기울이고 배고프다고 말할 때만 음식을 먹는 거야. 심심해서 먹거나 마트에서 싸게 파는 초콜릿을 아무 때나 주섬주섬 먹지 말고 건강까지 챙기자는 거야.

또 잊지 말아야 할 것은 식탁이나 주방에서만 식사해야 돼. TV 앞에서 무언가를 먹는 건 과식을 유발하거든. 위가 감당하기 힘들다고, 터질 것 같다고 메시지를 긴급하게 보내도 알 수 없지. TV 속 등장인물에게 혼을 빼앗겨버렸으니까.

나무늘보스러운 식사를 마치고 나면 잠시 고요하고 차분한 시간을 가져봐. 포만감이 주는 흐뭇함을 느껴보는 거지. 일용할 양식에 감사할 줄 알게 되는 시간이 될 거야.

수분과 단백질 섭취는 충분히

먹는 속도뿐만 아니라 음식을 선택하는 데도 나무늘보의 영감을 살려. 나무늘보 식사법을 따르다보면 냉동실에 있는 치킨 너겟이 아니라 냉장실에 있는 샐러드를 먹게 될 테니까.

나무늘보는 잎사귀를 먹지만 벌레와 설치류들도 먹어. 이 점에서 나무늘보의 식사법에 주는 점수를 깎아도 별수 없어. 그 방법 외에는 단백질을 섭취할 길이 없기 때문이야. 근육은 그냥 만들어지는 게 아니잖아. 살아 있는 애벌레 먹기를 끊을 수 없는 이유는 또 있어. 그것들이 입안에 들어간 뒤 꿈틀거릴 때 식감이 자극되거든. 톡 터지는 육즙은 얼마나 담백한지 몰라. 게다가 주위 사람들이나 유튜브를 통해 수백만 명의 주목도 받게 되지. 그러나 절대 따라 하지는 마. 인간들의 생명까지 책임지고 싶진 않아.

대신 견과류나 고기, 치즈로 대체하도록 해. 나무늘보인 척하고 싶다면 이 음식들을 쥐고기라고 생각해도 좋아. 자기관리를 위해서라는데 누가 뭐라 하겠어. 스스로 의연하면 되는 거야.

이쯤에서 비밀 하나를 공유할게. 나무늘보는 화장실을 일주일에 한 번만 간다는 사실이야. 물을 많이 마시지 않거든. 하지만 나뭇잎에서 엄청 많은 양의 수분을 섭취하고 있지. 짐작하듯 한 잔의 물을 마시는 행위도 나무늘보다움을 연습하는 데 보탬

이 돼. 맑은 피부를 유지하는 것은 덤으로 받는 축복이지.

물을 마실 때조차 느린 속도를 유지하는 것이야말로 평정심을 일깨워주는 핵심이야. 나무늘보적인 숨쉬기 연습이랑 비슷하지. 물 한 잔을 앞에 두고 몇 분간 정신을 집중해봐. 그다음에 물을 한 모금 마시고 액체가 입안 전체를 씻어내는 그 느낌에 또 집중하는 거야. 숨을 잠깐 멈춘 뒤 물을 삼키고, "하!" 토해내듯 숨을 쉬고 또 한 모금을 마셔. 속도를 늦추는 데 도움이 된다면 매번 잔을 탁자 위에 내려놓아도 좋아. 과거와 미래에 대한 걱정으로 가득 찬 마음을 정화시키고, 오직 현재에만 집중할 때까지 이 행동을 반복하는 거야.

그래, 먼저 팁을 준다면 와인이나 맥주로도 똑같은 연습을 할 수 있어. 하지만 조심해야 할 점이 있지. 연습을 너무 즐기다보면, 다음 날 나무늘보 자세로 침대에 늘어져 24시간을 보낼 수 있다는 거야. 시큼하게 넘어오는 그 무엇과 함께.

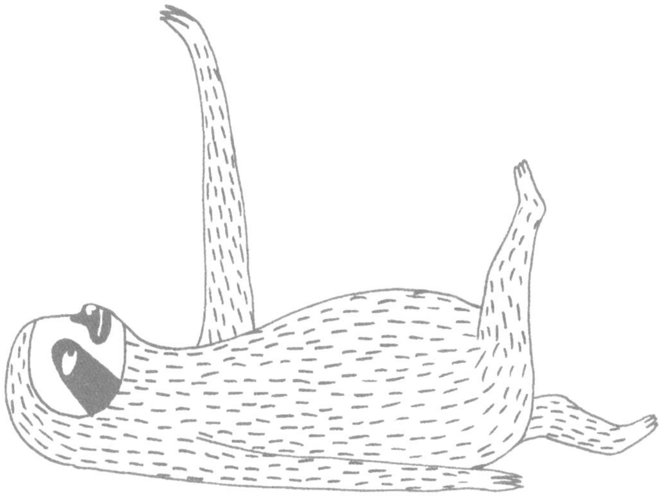

Chapter 6

고요는 관계에서 매력적인 마법이다

인정할게. 나무늘보는 사교적인 존재가 아니야. 누군가와 함께 하는 순간이 싫지 않지만 아무도 없을 때 완벽하게 행복하지.

당신이 외향적이고 사교적이라 사람들과 북적대는 걸 좋아한다면 참 잘된 일이야. 요즘에는 그렇지 않은 사람도 그런 척해야 한다는 압박감이 있지. 이제는 사교적인 나무늘보가 될 차례야. 기다려, 파티 끝나기 전에 옷 정도는 다 입을 수 있어.

사교적인 나비 VS 사교적인 나무늘보

나비는 온종일 다른 사람들과 시간을 보낸다. 그러느라 진이 다 빠지는 기분이 들어도 어쩔 수 없다.

나무늘보는 혼자 보낼 시간을 따로 확보해두고 이를 꼭 지킨다.

나비는 사람들이 주변에 있으면 소소한 수다를 떨고야 만다. 그러는 자신이 바보같이 느껴진다 해도 어쩔 수 없다.

나무늘보는 사람들 사이에서 기꺼이 침묵을 지킨다.

나비는 불편함을 느끼면서도 억지로 인맥을 쌓는다.

나무늘보는 커리어에 도움이 되는 사람들이 같은 공간에 있더라도 일부러 말을 걸지 않는다.

나비는 사교적인 자리에 초대받으면 무조건 응한다. 직장에서 일하는 것보다 약속 자리에 나가는 것이 더 피곤해질 때까지 계속.

나무늘보는 거절하는 것을 두려워하지 않는다. 나무늘보적인 태도를 연습하려고 시간을 빼놨다면, 사교적인 자리에 나가는 것을 거절하더라도 그 시간을 확보한다.

나비는 매일 밤 외출을 한다.

나무늘보는 독서, 그림 그리기, 산책 같은 혼자만의 취미를 즐긴다.

나비는 늘 피로에 절어 있다.

나무늘보는 늘 상쾌하다.

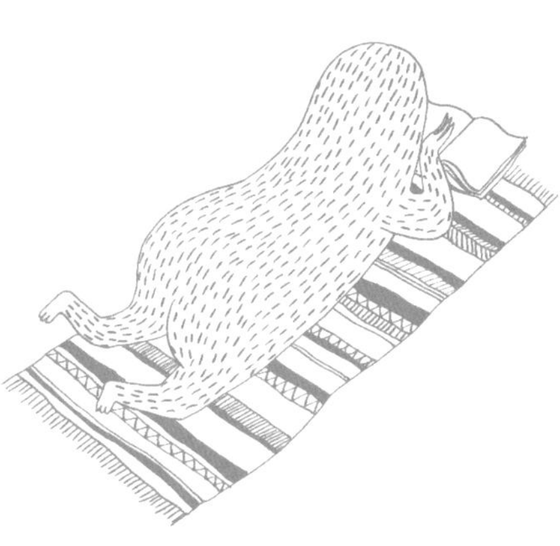

마음속 분주함을 비우기

혼자만의 시간을 즐기고 사람들과 어울리는 자리를 멀리한다면, 당신은 선천적으로 나무늘보라고 생각해도 좋아. 하지만 진정한 나무늘보스러움은 이보다 몇 발자국 더 나아가야 해.

혼자 있는 사람은 완전히 느긋하게 보일 수 있어. 하지만 내성적인 사람들은 겉으로는 조용해보일지라도 내면적으로는 시끄러운 경향이 있지. 속으로 혼잣말을 되풀이하면서 최근 자신이 걱정하는 부분과 집착하는 것들을 계속 떠올리는 거야. 이러한 잡념에서 벗어나는 것이 나무늘보스러움을 지향하는 목표지만 내성적인 사람들에게는 무척 어려운 과제야.

잡념을 떨쳐내려면 인내심이 필요해. 깊은 호흡을 반복하던지 물을 한 모금씩 마시는 것에도 집중해야 하니까. 굳은 의지로 높고 미끄러운 나무를 오르는 나무늘보처럼 인내심을 가지고 포기하지 않는다면 목표를 달성할 수 있어. 인내심에는 겨울 추위를 이겨낸 가냘픈 꽃잎의 강인함이 숨어 있는 거야.

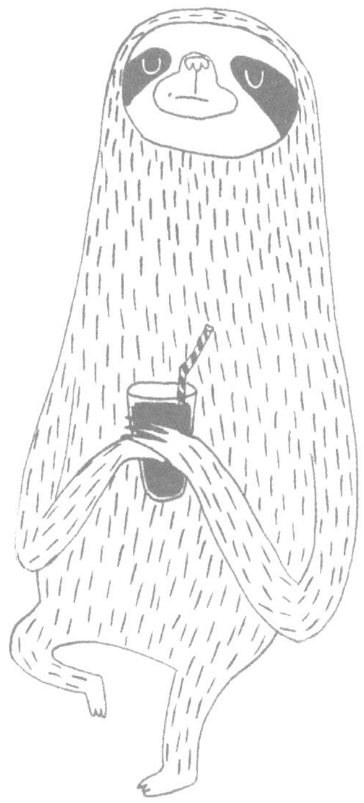

심리적 안정감 찾기

외향적인 사람은 나무늘보스러움을 추구하는 과정에서 생각지 못한 문제에 봉착하게 돼. 혼자만의 시간을 부담스럽게 느끼기 때문이지. 사교모임을 거절한 경우에는 더욱 그럴 거야.

외부 자극 없이 오랜 시간 혼자 있는 것이 이상하게 느껴질 수 있어. 그 어색함을 극복하기 위해 시간이 필요하지. 적응하는 데도 노력이 필요하고 말이야. 끊임없이 상호작용해온 사람에게는 숨쉬기처럼 단순한 행위에 집중하는 게 답답해할 수도 있어. 그래서 포기하고 싶어질지도 몰라. 그럴 때일수록 차분하게 나무늘보스러움을 충실히 유지해야 해. 곧 침묵의 시간 덕분에 인생의 균형을 찾게 되었다고 고백하게 될 테니까.

사교적인 나비인 게 스스로 자랑스럽더라도, 가끔은 나무늘보로 변신해봐. 지친 날개를 접고 다른 나비의 날갯짓을 보면서 자신을 반추하는 거야. 심적 안정감이 찾아든다면 그 시간이 귀하게 느껴질 거야.

스트레스를 이길 힘은 차분함에서 나온다

나무늘보스러움은 평화로운 시간을 안겨줄 뿐만 아니라 사교계로 돌아갈 때도 도움을 주지. 상대방의 말에 집중하는 좋은 청자로 만들어주니까. 이야기에 오롯이 공감해주고 그와 관련한 질문들을 던져주면 상대는 관심을 받고 있다는 생각에 들뜨게 돼. 당신을 좋아하게 되는 거지. 눈 마주침이나 살짝 고개를 끄덕여주는 친절이 상대의 마음을 사로잡는 비결이야. 누군가 주저리주저리 떠들다 잠시 멈춘 틈에 끼어들지 않아도 되거든. 당신의 목소리를 듣고 싶은 그가 기다려줄 테니까.

나무늘보처럼 차분함을 유지한다면 스트레스를 이겨내는 데 큰 힘이 될 거야. 예를 들어 회의에서 당신의 아이디어를 동료가 가로챈 덕에 승진했다면, 열대우림 나뭇가지에 평화롭게 매달려 있는 당신 모습을 상상해야 해. 그래야 그 동료 얼굴에 먹다 남은 샌드위치를 던지지 않을 수 있어. 어디 그뿐이야. "야! 그건 내 아이디어였어!"라고 소리 지르지 않을 수 있지.

나무늘보스러운 삶을 산다면 자신감을 품게 될 거야. 주위에 사람들이 모이고 친해지려는 이들의 DM을 받게 될 테니까. 언제나 과묵해서 비밀을 잘 지켜주면서도 늘 너그러운 웃음으로 반응해주는 모습에 서로 친구가 되려는 것이지. 열대우림에 사는 모든 동물이 나무늘보와 사귀고 싶어하는 것처럼 말이야. 나무늘보는 그들과 친구가 되기 위해 필사적으로 노력하지 않아. 그런데도 명주원숭이와 오카피, 큰부리새들은 자기들이 나무늘보와 얼마나 가까운지 과시하며 으스대곤 해. 나무늘보와 스치기만 한 것도 그들의 자랑거리가 되는 거지.

SNS에 발목잡히지 않기

SNS 열풍이 아직은 나무늘보에게는 불지 않았어. 페이스북, 트위터, 인스타그램을 하는 나무늘보는 없잖아. 셀카를 찍어본 나무늘보도 없어. 긴 팔과 긴 발톱이면 셀카봉 살 돈을 아낄 수 있고, 무표정하게 찍어도 인싸가 될 수 있지만 참는 거야. 그렇다고 안타까워하지는 마. 사교적인 나비들이 올린 프로필을 보며 압박받지도 않으니까. 이 점이 인간들과 아주 다른 부분이야.

인간들은 다른 사람들이 올린 SNS를 보고 질투하거나 우울해 하지. "남들은 이렇게 사는데, 난 이게 뭐야. 나 빼고 다 행복해." 라고 말하며 울분을 토해. 하지만 생각해봐. 당신의 뻔하고 평범한 순간을 다른 사람의 절정의 순간과 비교하는 것이 공평하지 않잖아. 물론 이를 잘 안다고 해도 누군가의 SNS는 당신 가슴을 후벼 파곤 해.

이것들을 보고 괴롭다면, 거기서 한발 물러나는 게 좋아. 어플을 전화기에서 지워버리는 거야. 차라리 그 시간에 나무늘보 사진을 검색해본다거나, 딴 사람의 허세를 구경하느라 시간을 보내는 대신 책 한 권을 읽는 게 좋을 거야.

이런 조치들이 너무 엄격하고 과하다 느껴지면 나무늘보 방식으로 SNS에 접근해봐. 나무늘보는 값비싼 풀빌라 리조트를 질투하지 않고, 맛있는 칵테일을 찾거나 편안한 침대를 찾지도 않지. 그건 모두 에너지 낭비니까. 대신 SNS의 피드를 찬찬히 살펴보는 거야. 이 사진 한 장을 올리기 위해 얼마나 공을 들였는지 생각하면서. 인증샷을 찍고, 보정하고, 편집하고 올리느라 얼마나 수고했는지 따져보는 거야. 그 번거로움을 안다면 그다지 부럽지만은 않을 거야.

SNS에 올라온 사진으로 상처받을 필요도 없고 특별한 의미를 부여할 필요도 없어. 그들은 자랑하고 싶어 안달이 난 짖는원숭이랑 같으니까. '좋아요'가 몇 개냐에 따라 인생의 희비가 엇갈리지. 정말 그러고 싶니? 남이 무심코 틱 누르는 엄지 세운 표시가 그렇게 중요해? 그 어떤 나무늘보도 다른 사람이 '좋아요' 버튼을 얼마나 눌렀는지에 관심 없어. 자기 삶에 만족도를 높이는 데 더 집중하기 때문이야. 살아가는 가치를 실현할 뿐이지.

Chapter 7

일상에서 탈출하는 법

휴가는 바쁜 일상에서 탈출해 빈둥거릴 수 있는 이상적인 시간이야. 그러나 작정하고 떠난 휴가는 방금 벗어난 삶만큼이나 분주하지. 가보고 싶은 장소며 하고 싶은 일들을 빼곡하게 적은 목록을 봐. 하고 싶은 일들이 왜 그리도 많은지. 그 절반도 채 달성하지 못한 채 집으로 향하게 되면 아무것도 제대로 하지 못했다는 기분에 휩싸일 거야.

이 문제는 좀 심각해. 그래서 인간들이 행하는 열 가지 휴가에 대해 좀 더 나무늘보스러움을 추구할 필요가 있지. 거기에 대한 조언이야.

수영장에서 빈둥대기

한가로이 물속을 유영하는 휴가가 진정한 휴가야. 나무늘보들은 수영을 잘하거든. 수영장 깊숙한 잠수는 시도해본 적 없지만 듣기만 해도 짜릿해. 더욱이 남은 시간에 책을 읽거나 먹는다는 게 얼마나 멋진 일이야.

물결이 찰랑거리는 소리에 귀 기울이고 살갗에 와 닿는 열기를 느끼면 자연을 경이롭게 바라볼 수 있지. 공기를 폐 속 깊숙이 들이마시는 것도 잊지 마. 폐활량이 클수록 수영을 잘할 수 있잖아. 수영 뒤에는 썬베드 위에서 엎드린 나무늘보 자세를 취해도 괜찮아. 장담컨대 아무도 이상하게 보지 않을 거야. 자연이 베푸는 강렬한 은혜를 입게 될 뿐이라고. 선크림을 한 통을 다 바른다면 괜찮을지 몰라.

자연과 더불어 살기_캠핑

자연에 파묻혀 지내는 것은 아주 멋진 일이야. 도시에 사는 사람이라면 더욱 필요하지. 시원한 녹색 지대에서 일주일을 보낸다면 쉽게 나무늘보스러운 상태로 접어들 수 있어. 자연이 들려주는 오케스트라 못지않은 선율이 감동을 더해 줄 거야. 신이 계절을 채색하는 순간을 목격할 수도 있지.

대자연 속에서 지낼 때 화장실이 걱정된다면 나무늘보처럼 일주일 동안 꾹 참으면 돼. 그 고통스러움을 알아야 자유로운 배변 활동에 감사하게 되지.

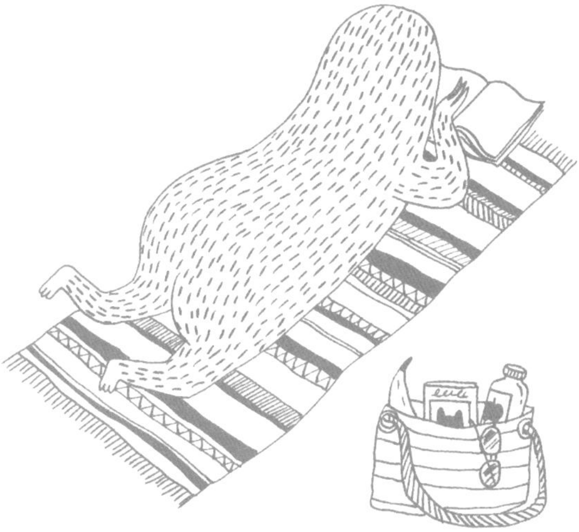

역사의 흔적 더듬어보기_관광

미안하지만 TV나 책자에 소개된 명소를 찾아 나서는 것은 휴가라고 확신할 수 없어. 유명한 장소를 눈이나 카메라를 통해 보는 건 아주 멋진 일이야. 하지만 제대로 쉴 수 없는 휴가가 되어버릴 가능성이 크지.

나무늘보는 도시를 무척 싫어해. 고급 레스토랑과 고색창연한 교회들이 즐비한 유명 도시, 아니면 공장이나 천원샵들이 빽빽이 들어찬 지루한 도시가 아니라도 마찬가지야. 나무에 매달려 편히 있을 수 있는데 왜 굳이 그런 도시에 가려는지 이해하지 못하겠어.

직접 보고 싶다는 간절한 소망으로 관광을 떠난다면 느긋하게 긴장을 풀 시간을 반드시 일정에 포함시켜야 해. 새로운 환경에서 맞는 태양의 따스함과 바람결을 느끼면 내면의 평온함을 달성할 수 있어. 일상의 환경은 미친 듯이 소란스럽더라도 가능하지.

아, 보는 것마다 사진 찍고 SNS에 줄줄이 기록하는 일은 제발 참아. 누가 '좋아요'를 했는지 보려고 계속해서 '새로 고침' 어플을 누르지 말라는 거야. 나무늘보들은 절대 눌러줄 수 없거든.

바다 위에서 노닐기_크루즈 유람선

나무늘보들은 물을 사랑해. 망망대해는 꿈에 그리는 곳이지. 태평양을 건너 대서양을 지나 인도양을 유람하게 된다면 대대손손 가문의 영광일 거야. 하지만 그 한 가지에 일생을 바치기에는 시간이 너무 아까워. 지구를 한 바퀴 도는 일이니 나무늘보가 평생을 헤엄친다 해도 안 될 일이니까. 뭐? 한 달도 안 걸린다고? 시속 50킬로로 빠르게 물살을 가른다고? 바다를 떠다니기만 할 뿐 바닷물에 발도 못 담근다고? 오물을 바다에 버린다고? 수영도 못 해? 이런.

다시 생각해봐. 그토록 무자비하게 감행되는 건 휴가로 칠 수 없어.

음악과 춤이 있는 특별함_클럽 다니기

나이트클럽 동영상을 봤어. 매우 헷갈리는 장소야. 끊임없이 환호성을 지르는 이유는 짝짓기하자고 보내는 것 맞지? 그래. 나무늘보와 비슷할 거라고 짐작했어.

아무리 그렇다고 하더라도 일주일 내내 반짝이는 불빛 아래서 몸을 흔드는 사람은 매력적인 이성이 아니야. 밤을 잊은 그대잖아. 분명 낭만적이지 않을 거야. 나무늘보들이 가장 좋아하는 건 잠자기야. 한 주 동안 잠도 제대로 자지 않을 거면서 이를 휴가라고 부르는 건 어불성설語不成說이지.

자신을 찾아 떠나는 수고로움_배낭여행

행복을 중요시하는 배낭여행은 무조건 합격이야. 그 야심찬 일정표만 빼면 말이야. 배낭여행족들은 나무늘보들만큼이나 속도를 늦춰야 해. 휴가 동안 동네를 엉금엉금 돌아다니는 데 시간을 써야 하지. 해외로 가지 않더라도 배낭을 꾸려, 처음 가는 도시행 버스에 오르는 것도 괜찮아. 낯선 사람을 만나고 낯선 풍경을 만나 얘기를 나눠보는 거야. 숨은 소리를 찾고 감춰진 자연의 섭리를 찾아낸다면 그보다 월등한 여행은 없을 거야.

시끄러운 리듬에 몸을 맡기기_록 페스티벌

진흙탕 속에서 소리 지르는 사람에게 둘러싸여 주말을 보내는 게 어떠냐고 묻는 거지? 대답이 궁금해서 턱을 받치고 눈을 깜빡이는 거야? 그렇다면 한 마디로 대답해줄게. 그다지 안정적이지 않아. 록 페스티벌에서 벌어지는 일들은 짖는원숭이들이 하는 짓과 닮았거든. 짖는원숭이들한테 그 얘기를 전해줬더니 동족을 만나보고 싶다고 했어. 다음 록 페스티벌 초대장을 열대우림으로 보내봐. 짖는원숭이들과 함께 광란의 페스티벌을 보낼 수 있을 거야. 대신 인권이나 생명존중권의 포기각서를 써야 할 거야.

이색적인 도전이 주는 희열_레저 활동

레저 활동이 잠자는 동안 털 속에 집을 짓는 나방을 내버려두는 것이라면 괜찮아. 하지만 급류타기같이 역동적인 레저 활동은 혼란스러워. 그것 때문에 일상이 지루할 수도 있기 때문이야. 휴가를 도전할 기회라고 여기지 말아줘. 여분의 시간 그 자체로 누리면 돼. 그냥 보내기 아깝다고? 대체 그 주체할 수 없는 역동성이 어디서 나오는 거야.

남미 열대우림 속 자연관찰

훌륭한 기획이야. 대자연의 심오함을 경험할 수 있으니 감동이겠지. 오, 잠깐! 횡단이라면 출발지에서 종착지까지 걷거나 차로 이동해야 한다는 거잖아. 그 안에 사는 동물들을 놀라게 할 작정이야? 사람들의 발소리, 말소리, 자동차 소리, 감탄 소리가 동물들의 평화를 방해한다는 걸 기억해줘. 얼마나 헤집고 다닐지 불 보듯 뻔해.

안 되겠어. 이 말은 안 하려고 했는데 열대우림은 독화살개구리와 독개미, 초록 아나콘다로 가득해. 그 안을 탐험하려고 들어간 사람들을 그 뒤에 본 적이 없어. 선택은 자유니까 의지대로 해. 목숨이 두 개라면 말이지.

Chapter 8

마음이 편안해지는
나무늘보 요가

나무늘보는 깨어 있는 시간 동안 희한한 자세로 몸을 꼬고 평화로운 행복감에 젖지. 항상 요가 하는 상태나 마찬가지야. 나무늘보에게 영감을 받는 이 자세를 취하면 평정심으로 통하는 길을 찾을 거야.

— 안전을 위한 경고 —

나무늘보 자세는 인간들에게 적합하다고 검증받은 것이 아님.

나무늘보가 하는 대로 모두 따라 해야 한다는 의미가 아님.

발가락이 세 개인 나무늘보들은 목뼈가 몇 개 더 있기에 머리를 270도까지 돌릴 수 있음.

사람이 그 자세를 따라 했다가는 결국 응급실에 실려 갈 수밖에 없음.

어떻게 다쳤는지 주저리주저리 설명하지만, 의사들은 절대 이해하지 못함.

【제 1 자세】 엎드린 나무늘보

전통적인 나무늘보의 자세다. 한 시간에 240미터를 기어갈 것처럼 땅에 엎드려 고개를 옆으로 돌린다. 팔은 바깥쪽으로 쭉 뻗는 단순한 자세다. 전형적인 요가의 '고개를 아래로 숙인 개' 자세와 달리 어려운 스트레칭 자세가 필요 없다. 그저 바닥에 풀썩 눕기만 하면 된다.

【제 2 자세】 짐볼 위에 엎드린 나무늘보

탱탱한 짐볼이 있다면 요가 할 때 활용하도록 하자. 짐볼 위에 앉아 있도록 노력해야 한다. 100번쯤 반복해도 안 되면 전통적인 나무늘보 자세를 취하고 거꾸러져 낮잠을 자면 된다.

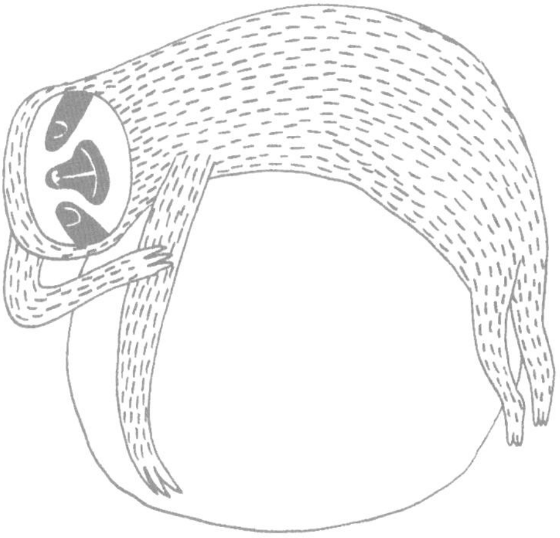

【제 3 자세】 매달린 나무늘보

나무늘보들은 거꾸로 매달려 있기를 좋아한다. 이 자세로 먹고, 자고, 짝짓기를 한다. 이 자세를 취하더라도 호흡에 문제가 없도록 진화했다.

이 훌륭한 기술을 연습하고 싶다면 공 모양으로 몸을 둥글게 구부린 후 가지에 매달려 있다고 상상해보자. 내부 장기를 적응시킨다고 너무 긴 시간 동안 이 자세를 유지할 필요는 없다. 같은 자세를 취한 채 숨을 열 번 들이마시고 내쉬는 정도면 충분하다.

【제 4 자세】머리 위 가지를 움켜쥔 나무늘보

나무늘보들은 맛난 나뭇잎을 먹으려고 높은 나뭇가지를 움켜쥘 때 희한한 형태로 몸을 구부린다. 이 자세를 취하기 위해 한쪽 발과 손은 바닥에 붙이고 다른 쪽 발을 90도 각도로 올린다. 남은 한 손은 가능한 한 높이 뻗어 뭔가를 움켜쥐는 시늉을 한다. 버티기 쉽지 않은 자세이지만 숨을 열 번 쉬는 동안만큼은 유지하자.

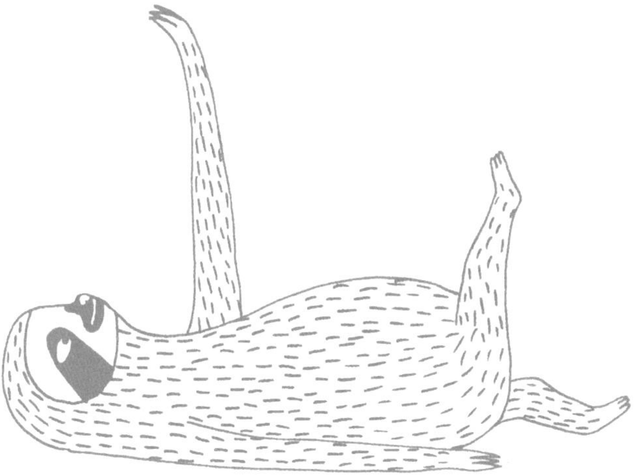

【제 5 자세】 앞으로 곯아떨어지기

앞으로 몸을 구부리는 자세는 요가에서 매우 중요한 자세다. 나무늘보 요가에서도 마찬가지다. 이 자세를 취하기 위해서는 높은 가지로 기어 올라가다가 중간에서 잠들어버린 나무늘보인 척해야 한다. 나무늘보가 아닌 인간이 취하기에는 편치 않은 자세지만 숨을 열 번 쉬는 동안만큼은 꼼짝 말고 버텨보자.

【제 6 자세】 뒤로 곪아떨어지기

이 자세를 성공하고 싶다면 나뭇가지에서 잠들어버린 나무늘보를 상상해보자. 나뭇가지 끄트머리에 매달려 다리를 덜렁거리며 자고 있다가 더 아래쪽 나뭇가지로 뚝 떨어진다. 현실에서는 나뭇가지가 없을 테니 우선 바닥에 눕자. 무릎을 들어 전통적인 요가의 '고양이 자세'를 취해보자. 이 자세 또한 나무늘보가 아닌 이상 사람에게는 어려울 테니 숨을 열 번 쉬는 동안만 유지했다가 풀도록 하자.

【제 7 자세】 대롱거리는 나무늘보

나무늘보들은 뒷발의 발톱만 사용해 거꾸로 매달리는 허세를 부리곤 한다. 똑같이 따라 하고 싶어도 사람에게는 그처럼 긴 발톱이 없어서 안 된다. 대신 물구나무서기로 이 자세를 대체할 수 있다. 이 자세는 꽤나 어려운 수준의 요가에 속한다. 당신을 지지해줄 벽이 필요할 수도 있다. 정말 나무늘보처럼 생각하고 행동하고 싶다면 터득할 가치가 있는 동작이다.

【제 8 자세】 말라비틀어진 연꽃

대표적인 요가 자세로는 연꽃 자세가 있다. 양반다리를 하고 바닥에 앉되 각 발이 반대편 허벅지 위에 올라오도록 하는 것이다. 이 자세는 안정적이어서 앞으로 고꾸라지는 일 없이 잠들 수 있다. 연꽃 자세의 나무늘보 요가 버전은 훨씬 쉽게 배울 수도 있지만, 이 자세를 취하기 위해 발을 끌어당기다가 뒤로 벌러덩 넘어질 수도 있다.

Chapter 9

너 자신을 믿어봐

나무늘보는 털복숭이인 그 자체로도 행복을 느껴. 그 행복에서 오는 감동을 전하려고 온종일 나뭇가지에 매달려 세상을 향해 웃어주지.

다른 동물과 달리 인정받으려고 노력하지도 않아. 알아주라고 떼쓰지도 않지. 나무늘보의 머리를 쓰다듬으면서 "오구오구, 똑똑해라."라고 말해줄 필요가 없다는 뜻이야. 애완동물 경연대회의 순발력 테스트가 있다는 말에도 그저 하품만 늘어지게 할 뿐이니까.

지나가던 짖는원숭이가 욕을 해도 상관하지 않아. 그저 어깨 한번 으쓱할 뿐 눈도 흘기지 않는다니까. 자존감 높은 행동의 완벽한 모범 사례지.

반면 인간들은 스스로 혹독하게 몰아치는 것이 좋다는 믿음을 가지고 있어. 그래서 "더 잘해, 더 달려, 더 높이 뛰어."라고 주문을 걸지. 목표만큼 못 해내면 자신에 대해 부정적인 평가를 간직한 채 인생을 살게 되지. 이 모든 건 나무늘보의 지침을 따르다 보면 극복할 수 있어.

소용돌이치는 걱정에서 빠져 나오기

자기 비판적인 생각에 사로잡힐 때 숨을 쉬거나 물 한 잔을 홀짝이는 단순한 행동에 집중해봐. 지금 머릿속에서 몰아붙이는 생각을 잠깐 잊고 다른 시각으로 바라보게 될 수 있어. 부정적이거나 비판적인 생각 자체가 틀릴 수 있다는 사실을 인식하게 되거든.

인간들은 소용돌이치는 걱정에 빠지지만, 대개는 필요 없는 것들이야. '나는 이 일에 성공하지 못할 거야.'라는 생각을 버려. 대신 '내가 지금 이 일에 성공하지 못할 거라고 믿고 있네.'라고 자각해봐. 부정적인 생각을 인식하고, 그 생각들이 일에 어떤 영향을 미치는지 깨닫는 거야. 비판적인 생각을 바꾸는 중요한 계기가 될 수 있어.

부정적인 생각 경계하기

나무늘보들은 독수리와 뱀, 표범에 대한 경계를 늦출 수 없어. 단번에 숨통이 끊길 수 있다는 걸 알기 때문이야. 반면에 인간은 부정적인 생각을 경계해야 해. 부정적인 생각이 활력의 맥을 끊어버리고 기분을 나락으로 떨어뜨리거든. 부정적인 생각이 떠오른다면 잘 살펴보고 어떠한 위협을 받게 되는지 판단해봐. 자아비판이 슬그머니 고개를 들 때도 바로 깨달을 수 있도록 예리한 시각을 갖춰야 해. 지금까지 당연하다고 여겨온 부정적인 생각들에 의구심을 품어봐. 희망의 밥줄이 끊기기 전에.

무엇을 잘하고 있는지 생각하기

생각의 초점을 자기 긍정에 맞춰봐. 자기비판에서 벗어나는 길이거든. 엄청난 장점일 필요도 없어. 아주 사소한 것도 좋아. 나무늘보는 나뭇가지에서 떨어지지 않고 얼마나 잘 매달려 있는지 생각하지. 그럼 우쭐한 기분이 들면서 곧 기분이 좋아져. 너는 무엇을 잘하고 있니? 세수? 웃는 거? 그 어떤 것도 괜찮아. 네가 널 위해서 하는 것이라면.

누군가와 비교하지 말기

자존감을 깎아내리는 탁월한 방법이 있어. 우월한 사람과 끊임없이 자신을 비교하는 거야. 이게 뿌리 깊은 습관이 되면 어떨까. 자기 장점에 초점 맞추기 어려워지겠지. 살기는 그만큼 힘들어지고.

다시 말하지만, 나무늘보는 열대우림의 이웃에게 절대 신경 쓰지 않아. 나뭇가지에 매달려 있거나 화장실을 일주일에 한 번만 가는 부분에서는 언제나 최고이니까. 그 하나만으로도 충분히 기분이 좋아지지. 남다르다는 것, 그것이 무엇이든지 자부심이 되니까.

당당함을 뿜어낼 수 있는 자세 유지하기

자신감 넘치는 자세를 알아? 어깨를 뒤로 젖히고 가슴을 앞으로 쭉 내밀어 똑바로 서 있는 것일까? 이제껏 그렇게 알고 있었지? 하지만 억지로 취하는 그 자세가 어색했다면 나무늘보 자세를 시도해봐. 어깨를 구부리고 발을 질질 끌면서 머리는 옆으로 돌리고 꽃을 뜯어 먹는 거야. 이러한 자세 역시 자신감을 드러내지. 이 자세로 돌아다니는 사람은 다른 사람의 시선을 전혀 아랑곳하지 않는다는 의미니까. 독특한 개성이라고 인정받을 거야.

나무늘보처럼 웃기

표정은 자신의 기분을 좌우하지. 아주 우울한 날 비웃듯 입꼬리를 올렸을 뿐인데 기분이 싹 달라지는 거야. 한 번 더 피식했더니 웃음이 자꾸 나오더라고. 다른 사람을 어떻게 대할지 고민스러울 때 그의 표정을 봐. 상대적으로 반응할 수 있으니까. 그래서 웃는 얼굴에 침 못 뱉는다는 말이 나오지 않았나 싶어. 이제부터는 나무늘보의 평화로운 미소를 얼굴에 장착해봐. 지구상에서 가장 행복한 생물체가 누리는 내면의 평화가 표정에 깃들게 될 거야.

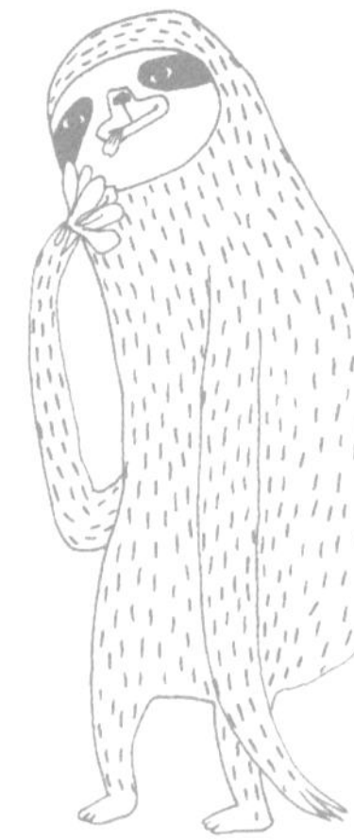

준비운동처럼 긴장 풀기

회의나 면접같이 압박받는 상황일수록 자신감 넘치는 모습을 보여야 해. 열대우림 속 어느 나무에 매달려 있다고 상상하며 긴장을 푸는 거야. 시선을 멀리 두고 몸을 털어봐. 숨을 훅, 훅 내쉬면서.

디지털 세상과 단절된 시간을 마련해보는 건 어때?

전화기와 노트북, 태블릿과 TV 전원을 끄고

나무늘보적인 단순함을 즐기는 거야.

지금 무엇을 하는지 페이스북에 올리고선 누가 댓글을 달았는지

내내 궁금해하지 말고. 디지털 기기에서 눈을 들면 시야가 넓어질 거야.

모두가 한 방향으로 나아갈 때 잠깐의 '멈춤'이 필요해.

무심코 지나치기 쉬운 것을 챙길 수 있거든.

역방향에서 바라보는 것도 좋아. 놓치고 지나온 것들을 보듬을 수 있잖아.

환경을 바꿔봐,
삶에 활력을 줄 테니

나무늘보가 한 지점에서 다른 지점으로 움직이는 것은 스트레스가 아니야. 적당한 나무를 고른 다음 자신을 데려가 줄 나무줄기를 찾아 몇 시간 후 안전하게 도착하면 되거든. 서두를 생각이 없다면 며칠 후가 될 수도 있어.

인간들은 한 장소에서 다른 장소로 옮기는 과정이 빠르면 빠를수록 좋다고 생각해. 달리는 교통수단 안에서도 "빨리, 빨리!"라고 외쳐대잖아. 대체 숨은 언제 쉬는 거야. 교통수단 위에서도 평정심을 유지할 수 있는 나무늘보의 팁을 몇 가지 알려줄게. 실천을 강요하지는 않겠어. 하지만 이동하는 묘미를 즐기고 싶다면 따라 하는 게 좋을 거야.

어쩔 수 없다면 버티기_비행기

날아다니는 모든 것은 나무늘보에게 남미수리를 떠올리게 만들어. 더군다나 비행기가 나무늘보보다 4천 배는 더 빨리 움직이니 적대감이 클 뿐이지.

비행은 나무늘보스러움을 추구하기에 그다지 나쁜 선택이 아니야. 충분히 여유를 두고 공항에 도착한다면 끝없는 줄서기에 스트레스 받을 일도 없잖아. 긴장을 완화시켜줄 운동 시간을 확보할 수도 있어. 물론 보안요원들이 지켜보는 환경에서 얼굴을 바닥으로 향하게 몸을 접는 나무늘보 자세는 안 될 수도 있어. 어디선가 호루라기 소리가 "삑!" 하고 들릴 테니까. 하지만 앉아서 길고 느긋한 호흡에는 집중할 수 있지.

비행기 안에서는 평정심을 유지하기 힘들 수 있어. 뒷자리에서 아기가 소리 지르고 옆자리 사람은 자꾸 당신 팔걸이를 탐내니까. 앞자리 사람은 의자를 얼마나 뒤로 젖혀대는지 그 사람 머리비듬이 당신 커피로 쏟아질 정도야. 이런 상태에서 기내난동을 부리지 않고 버티는 것 자체가 커다란 성공이지.

이 모든 상황이 금방 해결될 것 같지는 않아. 사람들의 평균 몸집은 점점 더 커지고 항공사들은 항공권 가격을 낮추려고 좌석 간격을 점점 더 좁히고 있으니까. 차라리 나무늘보스러움을 연습할 기회라고 생각해. 이렇게 완벽한 기회를 만나기는 쉽지 않으니까.

상상하며 놀기_기차와 지하철

기차와 지하철은 아주 유용한 교통수단이야. 하지만 왜 그토록 불편한 것들에 사람들이 몸을 끼워 넣는지 이해하지 못하겠어. 유순한 나무늘보조차도 꽉 들어찬 출퇴근 시간 지하철에 아무런 생각 없이 탔다가 도베르만처럼 으르렁거리며 내렸거든.

기차를 타고 있을 때는 나무늘보의 평온함과 지혜를 발휘하기란 매우 어려운 일이야. 간단한 나무늘보 운동이 도움이 될 수 있지만 빈 좌석을 찾는 것조차 불가능한 상태에서 바닥에 얼굴을 대고 혼자 눕는 건 절대 불가능하지.

나무늘보스러움은 현재에 초점을 맞추는 게 관건이야 그런데 빽빽이 들어찬 기차 안에서는 탈출할 때까지 현재에 초점을 맞췄다간 미쳐버릴 수도 있어. 그러니까 혼자만의 상상의 날개를 펼쳐봐. 어떤 상황이나 설정도 개의치 않을게. 가능한 한 절실히 원하고, 바라고, 꿈꾸는 일들이 이루어지는 상상이면 좋겠지.

나무늘보들이 기차에 대해 인정하는 부분은 하나야. 바로 한정된 역이라는 것이지. 그것이 버스를 탈 수 있도록 도와주잖아. 버스는 게으른 나무늘보들이 움직이는 것과 똑같은 속도로 움직이니까 보이는 것들을 눈과 가슴에 담을 수 있어. 창밖으로 스치는 풍경도 볼 수 있고.

위험을 피하라_운전하기

나무늘보들은 자동차를 경멸해. 밟기만 하면 속도를 올려주는 가속페달을 달고 있기 때문이야. 인간들은 빠른 속도에 집착하잖아. 그래서 길에 속도제한 표지판이며 단속카메라, 과속방지턱이나 요철 등을 설치하지. 자동차 핸들만 잡으면 마리오 카트Mario Kart 게임에서 속도를 높여주는 버섯을 세 개쯤 획득한 줄 아는 모양이야.

미안하지만 제한속도에 맞춰 달리는 차를 추월한 운전자가 얻는 보상이란 없어. 다음 신호등에 똑같이 걸렸을 때 비웃음을 당하는 거 말고는. 하지만 너무 느리게 운전하는 것 역시 위험해. 자동차로 나무늘보스러움을 연습하는 것 자체가 가당치 않거든.

생각지 못한 걸림돌이 불시에 나타나거나, 누군가에게 주차 자리를 빼앗기는 것은 혈압을 높이려고 실행된 기술처럼 보여. 교통통제에 걸리거나 꽉 막힌 도로에서 오도 가도 못 하는 상황일 때도 그렇지. 이때는 나무늘보의 평화로움을 호출해야 해. 후끈 달아오른 심장을 식히고 우악스럽게 내뱉어지는 말을 순화시킬 수 있거든.

조금 돌아가더라도 가능하면 초록빛에 휩싸인 경치 좋은 길을 택해봐. 그 길을 달린다면 제한속도보다 조금 더 느리게 운전할 수 있어. 라디오를 꺼버리고 현재에 오롯이 집중하는 거야. 단, 뒤에서 성질 급한 짖는원숭이가 빵빵거릴 때만 빼고.

두 바퀴로 달리는 게임_자전거 타기

나무늘보는 팔다리를 철사로 감싼다 해도 자전거는 절대 타지 않을 거야. 예전에는 자전거 타는 것이 가능한 때도 있었지. 그때는 자전거에 페달이 없어서 '푸시 바이크push bike'라는 이름으로 불렸고, 주로 시골길을 따라 교회에 다닐 때 쓰였어. 휘파람을 불며 유유자적 노닐 수 있었지. 하지만 요즘은 자전거를 타려면 자동차와 비슷한 속도를 유지해야 해, 그러지 않으면 공격적인 경적이나 고함으로 고통을 받게 될 거야. 그렇다고 인도에서 타게 되면 스마트폰에 고개를 파묻고 걷는 사람들을 요리조리 피해야 해서 정신 차리기가 힘들지.

바쁜 도시를 돌아다닐 목적으로 자전거를 타는 건 긴장 완화에 도움이 되지 않아. 가능하면 교외의 자전거 도로를 찾는 게 좋아. 여유롭고 느긋한 속도로 달릴 수 있으니까. 하얀 봉고차들이 당신을 앞질러 갈 일도 없어. 탁 트인 초록빛 광경은 차분함을 얻도록 도와줄 거야. 봄, 여름, 가을, 겨울을 만끽할 수 있고 계절이 들려주는 풍성한 이야기도 들을 수 있어. 못 믿겠다고? 그럼 당장 먼지를 뒤집어쓰고 있는 자전거부터 창고에서 꺼내지 그래.

혼자서 즐기는 묘미_걷기

나무늘보 조상인 거대 땅늘보 시대 이래 두 발 보행은 나무늘보에게 불가능해졌어. 두 다리를 교차하면서 걷는 것은 이제 나무늘보의 로망이기도 해. 인간들이 편리하고 빠른 교통수단을 이용하느라 걷지 않으려 하는 것은 이해 불가야. 걷기는 피곤하고 시간이 지체된다는 선입견이 있지? 그렇지만 자주 걷다 보면 걷기의 매력을 깨닫게 될 거야.

걸으면 초점을 현재로 바꾸고 과거와 미래에 대한 걱정을 내려놓는 연습을 할 수 있어. 걸을 수 있다면 어느 곳에서든 가능해. 도심 한복판에서도. 3초 남은 횡단보도 신호등이 깜빡거릴 때만 빼놓고 말이야.

나무늘보 걸음은 느릿한 속도에서 더 효과를 발휘하지. 그러나 화난 사람들의 앞길을 막고 있다면 얼른 골목길로 빠져나가는 게 좋아. 그들이 느려터졌다고 당신에게 불평을 쏟아낼 테니까.

걷는 동안에는 신체 자극에 집중해봐. 숨쉬기와 발이 땅을 디디는 무게감을 느껴보라는 거야. 주의력이 흩어지기 시작하면 다시 초점을 맞춘 뒤 걸어. 생각이 산만하게 가지를 친다면 잠깐 멈춰서 발끝만 쳐다보도록 해. 아무 생각하지 말고. 다시 고개를 들고 걸을 때부터 발바닥에 닿는 지표면에 집중하면 돼. 뒤꿈치부터 앞부리로 전해지는 무게의 쏠림을 느끼는 거야.

빠른 걸음보다 천천히 걷는 게 좋아. 시선을 살짝 떨어뜨리는 것도 걷기에 집중하도록 도와주지. 하지만 지나가는 자전거에 납작하게 깔릴 수 있으니 주변에 충분한 주의를 기울여야 하는 걸 잊지 마. 걸을 수 있는 시간을 확보하고 실천하면 평온함에 도달할 수 있게 될 거야. 가능할 때마다 걷는 게 좋겠지?

Chapter 11

자연과 함께,
자연과 더불어

나무늘보는 자연에 둘러싸여 있을 때 맛보는 평화로운 기분을 포기할 수 없어. 어떤 인간이 열대우림을 벌목하고 콘크리트 건물을 세워 튀긴 꽃과 나뭇가지를 팔자고 꼬드겼지만 눈 한번 끔뻑하지 않았지. 나무를 껴안고 있을 때 나무늘보의 심장과 나무의 심장이 연결되는 걸 느끼거든. 자연과 유대감이 생겨나는 거야. 나무늘보의 평정심은 바로 여기에서 나와.

나무늘보가 히피라도 되냐고? 당연하지. 나무늘보의 털이 얼마나 길고 너저분한지 그 위에 조류가 자랄 정도잖아. 좀 더 히피스러움을 택했다면 털 위에 홀치기염색을 했을 거야. 그것을 참는 이유는 털에 사는 조류들이 염색약의 독성을 견디지 못하기 때문이지.

녹지대에 대한 나무늘보의 자세를 받아들이면 내면이 평화로워질 거야. 특히 자연을 경험하는 유일한 경로가 창문에 놓인 화분을 쳐다보는 것뿐이라면 더욱 그렇지. 콘크리트 벽과 유리, 철근과 플라스틱에 둘러싸여 인생을 산다면 동물원의 동물이나 다름없어. 다른 점이 있다면 우리 밖으로 나와도 뉴스에 나오지 않는다는 것뿐이지. 교외로 여행 떠날 시간을 따로 남겨두도록 해. 나무늘보의 팁을 따르면 그 시간을 한껏 즐길 수 있으니까.

자연이 주는 상쾌함_숨쉬기

숨쉬기 연습은 평안함을 얻을 수 있는 가장 간단한 방법이야. 푸르른 자연을 만끽할 수 있는 곳이라면 이를 행하기에 최적의 장소지. 케밥 가게 앞에 놓인 쓰레기통 냄새를 맡는 것보다 야생화의 향기를 맡을 때 호흡이 상쾌해지잖아. 자연이 마법을 부리는 거야.

조화로운 화음_듣기

자연의 소리는 집중할 수 있도록 도와주는 훌륭한 지지대야. 나뭇잎 사이를 스치는 바람 소리, 파도가 부서지는 소리, 저 멀리서 들려오는 새소리에 귀를 기울여봐. 표범 털이 날리는 소리에도 귀 기울이면 좋겠지만, 이건 당신이 다니는 공원에선 불가능한 일이니 생략할게. 대신, 꽃망울 터지는 소리를 놓치지 마. 나뭇잎이 물드는 소리도.

만질수록 알게 되는 오묘함_만져보기

조약돌이나 나뭇잎의 촉감을 느껴봐. 집중할수록 온전히 마음이 머물게 될 거야. 자연을 눈으로 볼 뿐만 아니라 냄새를 맡고, 귀로 듣고, 손으로 만져봐야 해. 괜찮다면 맛을 봐도 좋아. 단, 화려하고 웃기게 생긴 버섯들은 멀리하고. 잘못하면 몇 시간 후에 길가에 널브러져, 어째서 우리가 우주를 지배하는 의식을 이제야 가지게 됐는지 주절거리다가 발견될 수도 있으니까. 초록색 경광등을 반짝이며 달려오는 자동차는 자연적이지 않잖아.

은밀하게 탐닉하는 새로운 장소

가본 적 없는 바닷가나 언덕, 숲을 찾아가 보는 건 어때? 색다른 곳을 찾아가면 주위 환경에 정신이 팔려 잡념을 떨쳐내게 되지. 가슴이 탁 트이면서 온몸에서 나온 촉수를 뻗어 자연을 탐닉하는 거야. 좀 더 쉽게 나무늘보스러운 평화를 찾는 방법이지.

일부러 찾지 않아도 마주치는 반가움_혼자 있기

스트레스는 도시 생활이 안겨주는 끊임없는 스케줄 때문에 생겨나지. 근무시간, 대중교통 시간표, 어제 끝마쳤어야 했던 수만 가지의 일들과 내일 하고 싶은 수천 가지의 일들. 이런 것으로부터 벗어나기 힘들잖아. 하지만 그런 스트레스가 때론 안락함을 선물하기도 해. 규칙과 질서를 만들어내고 있으니까.

스트레스로 머리가 지끈거린다면 잠깐 짬을 내봐. 아무것에도 방해받지 않고 조용한 장소를 찾아 오롯이 혼자 있는 거야. 긴 시간이 필요하지 않아. 몇 분 만이라도 좋아. 눈을 감고 가장 행복했던 때를 떠올려. 부드럽게 부서지는 파도든, 바람에 살랑대는 나무든, 저 멀리 초원에서 깜빡이는 불빛이든 상관없어. 마음이 자연 속에 머물 때 스트레스를 진정시키기 쉬운 법이니까. 잡념에서 벗어나는 데 도움이 될 거야. 도시의 여우들이 우거지상을 짓는 동안에도 나무늘보는 항상 웃는 이유가 여기에 있어.

가까이 있는 것들의 아름다움_걷기

가만히 앉아 있는 것만큼이나 대자연의 평온함을 받아들이는 방법은 걷기야. 도심을 걷는 것과는 달리 한적한 숲길을 걷는다면 자신이 원하는 대로 천천히 걸을 수 있어. 회의에 늦을까 봐 당신을 툭 치고 지나가는 사람이 없을 테니까.

걸음을 옮기면서 소소한 것을 찾아내고 그것에 집중하는 것도 바람직해. 나무와 풀 같은 것들에 몇 분간 집중한 후 움직이면 그 잔상들이 친구가 되어줄 테니까.

시간이 여의치 않으면 도시를 어슬렁거려 봐. 간판이나 진열장, 사람들의 표정과 스쳐 지나는 사람의 체취를 보고, 듣고, 느낄 수 있을 거야. 보도블록을 밟을 때의 느낌과 아스팔트를 밟을 때의 느낌이 같을 수 없어. 발소리도 달라지지. 도심의 소음을 연결하면 멋들어진 전자음악이 만들어질지 몰라. 빠르기와 높낮이를 조절해봐. 유유히 걸으면서 말이야.

자기만의 의미 부여하기_수집하기

수집을 즐겨보자. 조개껍질이나 솔방울을 모을 수도 있고, 나무늘보를 위해 맛있는 나뭇잎이나 가지를 찾아보는 것도 좋아. 수집은 주위 환경에 관심을 기울이면서 나무늘보적인 상태로 접어드는 좋은 방법이야. 수집한 것들을 찬찬히 들여다보며 그것이 품은 이야기를 들어보거나 만들어보는 것도 좋아. 해야 할 일이나 걱정을 잠시 덮어두자는 것이지.

디지털 세상 멀리하기

이어폰을 빼버리는 건 어때? 이메일 어플을 닫고 휴대전화도 한쪽 구석으로 던져버리는 거야. 갑자기 밀려오는 파도에 휩쓸리거나, 천재지변 또는 비상사태에 대비해 휴대전화가 필요하긴 하지만 자연에 집중하려면 잠시 멀리 두는 것이 좋아.

완벽한 평안함을 얻었다고 해서 그 감흥을 페이스북에 올리고 '좋아요'를 충분히 받을 수 있을까 전전긍긍하지 마. 그건 생각조차 하지 않는 게 좋아. 제발 액정화면으로 세상을 감상하지 말라고.

가끔씩 나무 오르기

나무늘보가 되어 자연을 바라본다면 안정적인 평화를 얻는데 도움이 될 거야. 복잡한 세상에서 한층 떨어진 느낌이 들거든. 긴 팔과 구부러진 발톱이 없으니 사다리를 이용해도 괜찮아. 나무에 올라 잎사귀를 씹으며 가지에 매달려보는 거야. 완전 시골로 들어가 이 행동을 하면, 사람들 시선을 한 몸에 받다가 유튜브에 등장하게 될 위험은 없을 테니 걱정하지 말고.

수더분함으로 편안함 안기기

나무늘보들은 목욕하거나 이발할 일이 없어. 나방과 조류가 털에 서식할 수 있도록 도와야 하거든. 조류는 나무늘보와 공생 관계를 맺고 있지. 우기에는 나무늘보가 초록색으로 변신할 수 있도록 위장시켜주거든. 독수리가 이끼 낀 바위로 착각할 정도야. 이걸 따라 하는 건 딱히 좋은 생각은 아니야. 지하철 한 량을 통째로 차지하고 싶다면 언제든 따라해.

Chapter 12

뭐니 뭐니 해도 내 집이 최고야

나무늘보처럼 살고 싶다면 나무만큼 좋은 장소가 없어. 콘크리트 장막에 갇힌 집을 팔아버리고 열대우림으로 이사해서 화장실, 부엌, 침실까지 갖춘 근사한 집을 나무 위에 짓는 거야.

이게 현실적인 선택이 아닌 경우, 중앙아메리카에서 출퇴근하는 건 어때? 너무 멀다면 전용기를 사면 되잖아. 그렇게 노발대발하지 마. 웃자고 한 소리야. 진짜 하고 싶은 말은 지금 사는 집에 나무늘보다움을 적용하라는 거야.

자신만의 장소 마련하기

나무늘보의 집은 오직 매달릴 수 있는 가지로만 이뤄져 있어. 잡동사니들을 모두 치워버린다면 인간도 그 단순한 생활에 가까워질 수 있지. 편안한 침대와 소파는 긴장을 완화하는 데 필요하지만, 그 외 다른 가구들로 집을 꽉 채우는 것은 말리고 싶어. 서랍이 많이 달린 탁자와 협탁이 있다면 물건을 치워버리는 데 도움이 될 거야. 미니멀한 공간은 마음을 차분하게 가라앉힐 수 있도록 도와주니 아쉬워하지 마.

실내식물은 자연환경을 떠올릴 수 있게 만들어. 벽 색깔을 선택할 때는 차분한 초록과 갈색으로 골라봐. 나무늘보의 서식지에서 영감을 얻되 실제와 똑같이 만들어서는 안 돼. 난방장치를 떼어버리고 방안에 표범들을 풀어놓는 것은 긴장 완화에 도움이 되지 않으니까.

허드렛일 건너뛰기

집안일을 완벽하게 할 수 있다면 좋겠지. 하지만 허드렛일에 둘러싸여 시간을 보낸다면 한 번쯤 생각해봐. 고무장갑을 끼고 나뭇가지를 청소하는 나무늘보는 가당치 않으니까.

물건을 최소한으로 소유하면 관리할 일이 줄어들어. 빨래하기 전에 색깔별로 옷을 분류하느라 시간을 보내고 있다면 옷을 너무 많이 가지고 있다는 의미야. 1970년대 말 고립적인 고딕 문화를 추구하며 죽음, 어둠, 해골 이미지와 함께 검은 옷을 고집했던 고스족Goth이 되는 것을 고려해도 좋아. 그러면 어두운 색감의 빨래만 하면 될 테니까.

나무늘보의 삶은 집안일을 줄이는 데 확실히 도움이 돼. 샐러드는 요리하느라 프라이팬을 다섯 개씩 쓸 필요가 없고, 소란스러운 사교모임보다 조용한 밤을 보내면 다림질을 하는 빈도수도 줄어들거든.

일정 시간을 초과해서는 청소하지 마. 먼지가 쌓이고 닦아야 할 공간은 언제나 눈에 띄게 마련이야. 중요한 일에 우선순위를 두고 나머지는 거르도록 하자. 그래야 나무늘보처럼 느긋한 상태에서 더 긴 시간을 보낼 수 있어.

집안일을 수련으로 바꾸기

나무늘보처럼 산다고 게으름뱅이가 되어서는 안 돼. 의도적으로 엎드린 나무늘보 자세를 취하는 건 좋아. 하지만 거실을 가로질러 갈 때 어젯밤에 먹은 접시가 발에 걸린다면 그 또한 안 되는 일이야.

느긋하게 머물기 좋은 집으로 만들고 싶다면 집안일을 나무늘보 수련장으로 바꿔보는 것도 좋아. 빨래나 바닥 청소 같은 단순한 일은 과거나 미래에 대한 잡념을 지워버리는 데 활용할 수 있어. 느리게 하면서 그 일에 집중하고 몰두하는 거야. 마음속을 휘젓는 생각에서 집안일로 초점을 되돌리는 거지. 그렇게 할 때 쓸고 닦는 일은 나무늘보다움을 달성하는 데 유용해. 집안일을 끝마쳤을 땐 해탈의 경지에 이르고 온몸이 가뿐해질 테니까.

목욕으로 힐링하기

나무늘보는 땀샘이 없어서 인간들과는 달리 개인위생을 무시하고 살 수 있어. 그러나 이것만큼은 나무늘보를 닮으라고 못 하겠어. 주변 사람들이 당신 악취로 인해 불같이 화를 낸다면, 나무늘보의 평정심을 얻는 의미가 없을 테니까.

목욕은 긴장 완화에 매우 효과적이니 건너뛸 생각일랑 하지 마. 대신 회의를 걱정하며 샤워기를 붙들고 있기보다는 향초로 둘러싸인 깊은 욕조에 몸을 담가봐. 목욕의식에 충분한 시간을 할애하면 정신없는 직장생활과 여유로운 집의 시간을 분리할 수 있지.

개인위생을 위한 다양한 행위로 나무늘보다움을 연습할 수 있어. 아침에 이를 닦는 행위는 정신을 현재에 집중하게 해. 칫솔이 이를 자극하는 느낌과 치약 맛에 느껴봐. 마음이 흔들릴 때마다 단순하고도 반복적인 그 움직임에 살짝 변화를 주는 거야. 나무늘보적인 칫솔질이 평온한 마음으로 하루를 시작하도록 도와줄 거야. 당신이 활짝 웃을 때 상쾌함을 전할 수 있다는 의미이기도 해.

TV 던져버리기

긴장을 풀려고 TV를 보던 시절이 기억나? 퇴근 후 추리 드라마를 반쯤 보다가 꾸벅꾸벅 졸곤 했지. 오늘날에는 수십 개의 채널 서비스를 구독하고 기분 내키는 뭔가를 보려고 끝도 없이 프로그램 목록을 훑으며 시간을 쓰지.

프로그램을 고르고 나면 버퍼링 문제가 시작돼. 화면 위에서는 원이 빙글빙글 돌고 우린 원 한가운데 쓰인 숫자가 올라가는 모습을 하염없이 바라보지. 꼭 보라고 추천하는 드라마가 수백 가지고, 그 드라마들은 열여덟 에피소드로 구성되어 있지. TV 목록을 하나 더 늘릴수록 스트레스를 주는 잡일이 그만큼 늘어나는 거야.

나무늘보는 어젯밤 '워킹데드Walking Dead'에서 무슨 이야기가 나왔는지도 모르고 '왕좌의 게임Game of Thrones'이 뭔지도 전혀 몰라. TV 대신 구름을 보니까. 이러한 나무늘보의 지혜를 닮아보는 건 어떨까? TV는 저 멀리 던져버리고 초고해상도 3D 와이드 스크린에 버금가는 하늘을 올려다보는 거야. 청명한 대형 스크린과 변화무쌍한 스토리 전개에 깜짝 놀랄걸.

사랑스런 애완동물 기르기

나무늘보를 집에서 기르는 건 불법이야. 대신 고려해볼 몇몇 애완동물이 존재하지. 토끼와 햄스터, 기니피그는 귀여우면서도 관리비용이 저렴하고 잠도 많이 잔대. 아, 물론 나무늘보같이 느긋한 기분을 안겨주지는 않아.

개들은 피해야 할 대상이야. 규칙적으로 산책을 시켜줘야 하고 끊임없이 집착하는 존재거든. 나무늘보적인 삶에 별로 도움되지 않아. 퍼그는 꽤 무기력하다고는 하지만 이들조차도 주인에게 귀찮게 군대.

게으른 고양이를 키우는 건 추천할게. 긴 털이 몽땅 헝클어진 고양이를 키운다면 나무늘보를 키우는 것이나 진배없을 거야. 햇빛이 한 점이라도 있다면 그 아래 누워 잠만 자고 있을 거니까.

꼭 나무늘보가 필요하다면 입양하는 방법이 있어. 여러 동물보호단체와 동물원에 기부하면 나무늘보의 사진과 입양증서를 보내줘. 관심을 기울일 수 있는 특별한 생명체를 가진다는 것은 지혜를 안겨준 그 생명체에게 보답하는 방법이지.

Chapter 13

잘 자야
미래를 꿈꿀 수 있어

우리에 갇힌 나무늘보들은 하루에 열여섯 시간 이상 잠을 잔다고 해. 세상에서 가장 무기력한 동물이라는 평판을 얻게 된 이유야. 이것이 사실인지 확인하는 연구결과에 따르면 야생상태에서의 나무늘보는 그다지 많이 자지 않는대. 2008년 파나마 열대우림에 사는 나무늘보들에게 수면 추적장치를 달았어. 그 결과 나무늘보들이 하루에 열 시간 남짓밖에 자지 않는다는 것이 밝혀졌지. 인간의 신생아나 학생들과 비슷한 정도일 뿐이야.

동물의 왕국에서 따져보자면 딱히 특별할 건 없어. 게으른 아마딜로가 하루 열여덟 시간을 자는 것보다 훨씬 적잖아. 하루에 두 시간 자는 코끼리보다는 훨씬 많고. 그러니까 나무늘보를 딱히 수면睡眠의 달인이라 할 순 없어. 하지만 불면증에 시달리는 인간이 자고 싶을 때 잘 수 있도록 조언해 줄 수 있어. 꾸벅꾸벅 조는 사이사이에도 팁을 전수해줄 테니까 잔다고 나무라지 말고 누워서 자라고 종용하지 마.

고민거리는 문밖에 두기

내면의 독백을 꺼버리고 긴장을 완화하는 것은 깊은 수면을 위해 중요해. 그러나 잠을 자려고 노력할수록 내면의 독백이 소용돌이치지. 이때 나무늘보 호흡법이 도움이 될 수 있어.

침대에 누운 상태이기 때문에 엎드린 나무늘보 자세를 취하기가 쉬울 거야. 어떤 자세로 누워 있기를 선택했든지 계속 숨쉬기에 집중해봐. 공기가 코로 들어와 목을 넘어가고 폐를 채우는 느낌을 좇는 거지. 그 후 다시 공기가 빠져가는 기운을 느끼는 거야.

생각으로 머릿속이 복잡할수록 숨쉬기에 신경을 집중시켜야 해. 밀물처럼 생각이 밀려들 때일수록 숨으로 순환되는 공기의 흐름을 느껴야 하지.

내일 무엇을 해야 할지 걱정하지 말고 오늘 한 일을 돌이키지 마. 편안한 가지에 매달려 깊은 잠에 빠져드는 나무늘보처럼 현재에 초점을 맞춰봐. 호흡법을 통달하려면 지속적인 연습이 필요해. 한두 번 해보고 효과가 없다고 포기하면 안 돼. 인내심과 나무늘보의 결단력을 가지고 노력하면 호흡법이 효과를 발휘할 거야. 잠자기 전문가 나무늘보의 고견이라는 점을 잊지 마.

카페인 줄이기

저지방 우유로 만든 캐러멜 마키아토에 휘핑크림을 올린 특대 사이즈를 주문하는 나무늘보를 본 적 있어? 나무늘보가 주문을 다 마치기 전에 커피숍 영업이 끝나버릴 거야.

그러니까 나무늘보는 귀찮게 뭔가를 마시지 않아. 나뭇잎에서 충분한 수분을 섭취하거든. 달콤한 잠을 자고 싶다면 카페인이 든 커피나 차, 탄산음료를 줄여야 해. 아예 끊으려고 노력하는 것도 괜찮아. 전날 밤 잠을 못 이룬 피곤을 커피로 다섯 잔으로 몰아내려는 불상사를 막을 수 있으니까.

수면 패턴은 일정하게

나무늘보는 낮잠을 좋아해. 익살스러운 장난을 상상하다가도 금세 잠에 곯아떨어지지. 인간들에게 낮잠은 그다지 좋은 습관이 아니야. 수면 패턴을 무너뜨리는 주범이거든. 매일 같은 시간에 자고 일어나도록 해야 해. 오늘이 주말이고 어젯밤 이불속은 너무 덥고 이불 밖은 너무 추워서 뒤척이느라 네 시간밖에 못 잤더라도 마찬가지야.

오후 두 시의 침대는 너무나 유혹적이지. 하지만 낮잠을 잔다면 밤잠은 그만큼 포기해야 해. 그러니 일과를 잘 지키다가 잠은 어두울 때만 자는 것이라고 마음먹는 거야.

몸을 움직여 운동량 늘리기

나무늘보는 언제든 잠에 빠질 수 있어. 온종일 나뭇가지를 매달려 있기만 할 뿐 1cm도 움직이지 않더라도 가능하지. 그러나 인간은 피곤함을 좀 만들어낼 필요가 있어. 아주 길고 느릿하게 산책을 하거나, 계단으로 오르내리는 것도 좋아. 가벼운 몸놀림이라도 분명 밤에 숙면하는 데는 도움이 될 거야.

침대는 잘 때만 사용하기

침대에서 너무 많은 일을 하면 잠드는 일이 힘들어질 수 있어. 아, 잠깐. 여기서 '너무 많은 일들'이란 게 야한 잡지에 나오는 그런 일은 아니야. 그런 것 때문에 잠자는 시간이 주는 건 그다지 신경 쓸 필요가 없어.

잔업을 처리하기 위해 베개 위에 노트북을 올려놓는다든지 자기 전에 이메일을 보려고 태블릿PC를 열어봐서는 안 된다는 얘기야.

나무늘보들은 똑같은 가지 위에서 먹고, 자고, 우아하게 하늘을 올려다보고, 시원하게 다급한 일을 처리해도 상관없어. 하지만 인간은 온전히 잠을 위해서만 침대를 사용할 때 잠들기가 더 쉬워지지. 온종일 그리웠던 폭신함이 달콤한 잠을 선물할 테니까.

단잠의 방해꾼 시계 숨기기

잠을 청하는 동안 알람시계 불빛은 없는 게 나아. 침대 맡에 놓인 시계는 수면장애를 겪고 있는 사람에게는 끔찍한 물건이야. 잠이 안 와서 이리저리 뒤척거리는 동안 세 시간쯤 지났는지 아니면 그냥 몇 분이 지난 것인지 자꾸 확인하고 싶거든. 시계를 노려볼 때마다 잠을 조금밖에 자지 못한다는 우려와 더불어 다음날 침을 질질 흘리는 좀비처럼 돌아다니게 되지는 않을까 하는 걱정이 또 쌓이게 돼.

침대맡 시계는 저 멀리 서랍장 위에 옮겨놓고 보고 싶은 충동에서 벗어나봐. 전화기도 마찬가지야. 잠이 안 와서 얼마나 괴로운지 페이스북에 쓰고 다른 불면증 환자들과 채팅을 시작하면 안 돼. 밤새 깨어 있기를 바라는 것은 아니지? 그들도 댓글을 달면서 '잠 좀 자자'를 외친다는 사실. 알지?

자기 직전엔 절대 먹지 않기

나무늘보는 나뭇잎을 우적우적 씹는 중에도 잠들 수 있어. 잎사귀 몇 장만 소화하면 되기 때문이지. 하지만 인간들은 잠자리에 들기 전에 소화기관이 임무 마칠 시간을 충분히 줘야 해. 당신이 늦은 저녁으로 치즈와 닭튀김, 매운 새우 카레를 먹었다고 가정해봐. 그러면 위장은 얼마나 열심히 일하는지 티를 내느라 밤새도록 당신을 잠 못 들게 할 거야. 쿡쿡 찌르거나, 박박 긁어대거나, 비틀기 내지 울렁거리기로 위장을 흔들어댈 테니까. 오해하지 마. 결코, 사랑의 표현이 아니야.

양 100마리 대신 나무늘보 세기

울타리를 넘어가는 양의 숫자를 세는 대신, 나무늘보가 울타리를 기어오른 뒤 반대편으로 넘어가는 모습을 그려봐. 아마 나무늘보 한 마리가 울타리를 기어오르기도 전에 잠들게 될 거야. 아니면 열 번째 나무늘보가 기어오르는 걸 기다리다가 밤을 홀딱 새고 다음 날 아침을 맞을 수도 있겠지. 중요한 것은 폴짝 뛰어넘는 양 100마리보다 의뭉스럽게 넘어가는 나무늘보 한 마리가 더 효과적이라는 거야.

곤히 자는 자기 모습 상상하기

당신이 잠들 수 있는 편안한 장소를 떠올려봐. 구체적인 부분까지 떠올릴수록 잡념에서 멀어질 수 있어. 보통은 바닷가나 초원을 떠올리도록 제안하지만, 열대우림 속 어느 나뭇가지에 축 걸쳐 있는 모습을 상상할 수 있다면 그 역시 효과가 있을 거야. 커다란 뱀에게 통째로 먹힌다면 아늑한 그 녀석 몸통 속에서 잠자는 꿈을 꾸겠지.

남들이 하는 말에 흔들리지 않기

나무늘보는 앞발에 발톱 두 개, 뒷발에는 발톱 세 개를 가지고 있어. 그런데 흔히들 나무늘보의 발가락이 두 개라고 하지. 잘 알지도 못하면서 떠드는 이들은 어딜 가나 있어. 하지만 나무늘보들은 이들이 어떻게 말하고 생각하든 신경 쓰지 않아. 굳이 바로잡으려고 하지도 않지. 누가 뭐라 해도 나무늘보 뒷발 발톱이 세 개인 건 변하지 않잖아.

Chapter 14

내 멋은 내가 정하는 거야

나무늘보를 진정으로 이해하고 싶다면 나무늘보가 되는 수밖에 없어. 그렇지만 270도까지 돌아가는 고개나, 털이 북슬북슬한 머리를 가지는 건 꿈도 꾸지 마. 그 매력은 다른 누구와도 공유하고 싶지 않아. 미리 토라질 건 없어. 나무늘보를 따라 멋낼 수 있는 방법 몇 가지를 알려줄게.

자연스러운 품위 살리기

나무늘보는 긴 팔다리와 단단한 주먹으로 다림질을 능숙하게 해낼 수 있어. 하지만 애써 그 귀찮은 일을 하지는 않아. 청바지를 다리느니 몇 분 더 휴식을 취하려는 것이지. 뛰어나거나, 훌륭한 혹은 대단한 나무늘보들도 항상 약간 쭈글쭈글한 옷들을 걸쳐왔으니까. 주름 하나에 너무 예민하게 굴 필요가 없어. 빳빳하게 다려 입은 옷도 의자에 앉는 순간 주름이 쫙 가잖아. 뭐든 자연스러운 게 좋은 거야. 구겨진 옷에 신경이 쓰인다면 더 환하게 웃어봐. 웃을 때 생기는 자연스러운 주름의 품위가 그것을 보완해줄 테니까.

비슷한 색으로 위장하기

나무늘보들은 천적들의 눈을 피해 자연과 비슷한 색으로 위장하지. 당신이라고 못 할 이유가 없어. 당장 앉아 있는 장소와 비슷한 색깔의 셔츠를 사는 거야. 짜증나는 직장동료의 눈에 띄지 않을 수 있을 거야. 물론 짝사랑하는 사람의 주목도 받을 수는 없지. 어쩌겠어. 인생은 선택의 연속이고 선택이 인생을 좌우하지만 튀고 싶지 않은걸.

남다른 헤어스타일로 시선 끌기

갈색목세발가락나무늘보는 남아메리카와 중앙아메리카 우림에서 목격돼. 얼굴은 베이지색 털로 뒤덮여 있지만, 머리와 이마 쪽 털은 더 짙은 빛깔이지. 제대로 된 미용실에 다니지 않는다는 사실을 만천하에 드러내려고 그러는 거야. 엄마가 머리 위에 바가지를 얹어놓고 머리카락을 잘랐는데 그에 대한 반항이라나. 어쨌거나 좀 독특한 스타일이긴 해.

뭐? 바가지머리를 하고 나무늘보처럼 살고 싶다고? 그럼 도전해봐. 말리지 않을게. 바가지머리를 하고 거리를 활보한다면 얼마나 자신감이 넘치는 사람인지 온 세상에 알리게 될 거야. 지나가는 사람들의 시선을 다 받아야 하니 왜 안 그렇겠어. 그만큼 용기 있다는 증거잖아.

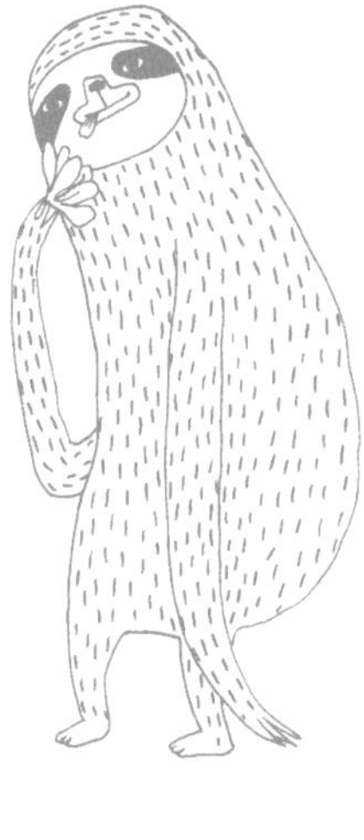

개성을 강조하는 멋

갈기세발가락나무늘보는 브라질에 살아. 얼굴 주위를 긴 털이 감싸고 있어서 마치 게으른 70년대 로커 같지. 이 역시 과감한 나무늘보 애호가에게는 바가지머리만큼 좋은 선택이 될 거야. 자신 있다면 헤드뱅잉을 구사해도 좋아. 환호와 박수가 이어질 테니까.

단순함을 극대화하기

매일 같은 옷을 입으면 삶에 단순함을 부여할 수 있어. 무엇을 입을지 결정하느라 시간을 낭비할 필요도 없으니까. 남는 시간에 나무늘보 연습을 할 수도 있지. 하지만 땀샘에서 나오는 분비물과 생활에서 들러붙는 먼지를 매일 제거해야 한다는 사실을 잊지 마.

편한 옷으로 움직임에 구애받지 않기

언제 어디서 요가 연습할 기회를 얻게 될지 몰라. 유비무환이라잖아. 대비하는 자세로 항상 가볍고 편안한 옷차림을 해봐. 남는 시간에 '머리 위에 있는 가지를 움켜쥔 나무늘보' 자세를 연습하고 싶다면 스키니진이나 딱 붙는 셔츠, 무거운 재킷은 피해야 해. 은밀한 배꼽이 불쑥 드러나는 위기를 맞게 되니까.

편안한 신발이 주는 친숙함 느끼기

실용적인 신발을 신는다면 일상에 산책하는 시간을 끼워 넣기 훨씬 쉬워. 산책하는 동안 주변 환경에 취해 걷기 때문에 발을 찌르거나 걸려 넘어지는 일을 줄일 수 있거든. 질 좋은 가죽 구두에 흙이 묻을까 봐 조심할 필요도 없어. 뾰족한 구두는 멀쩡한 잔디에 구멍을 낼 수 있잖아. 그 때문에 견고했던 개미집이 수난을 당할 수도 있으니 조심해야 해.

짝짝이 양말도 괜찮아

짝짝이 양말을 신는 건 인간사회에서 엄청난 금기야. 한쪽 발엔 빨간 양말을 신고 다른 발엔 초록 양말을 신는 것은 벌거벗고 돌아다니는 것과 다를 바 없다고 여기잖아. 하지만 이상하게도 양말은 한쪽씩 사라져서 서랍장에 남아 있는 양말은 모두 짝짝이뿐이야. 사람들은 미친 듯이 침대 밑이나 소파 사이를 뒤지며 양말 한 짝을 찾지만 시간만 낭비하지.

하지만 나무늘보스러운 인간은 짝짝이 양말을 신고 웃으면서 스스로 운명을 받아들이지. 금기를 깬 일탈에서 묘한 쾌감을 느끼는 거야. 양말 찾는 시간을 아끼고 즐기는 덤까지 얻는대. 아, 물론 그날만큼은 신발 벗는 일을 절대 안 하지.

가운같이 생긴 담요의 쓸모

나무늘보스러운 휴식을 하려면 소매 달린 담요를 써봐. 담요 밑에서 팔을 쑥 내밀 필요 없이 머그컵을 손에 쥘 수 있거든. 나무늘보들에게 사랑스럽고도 따스한 털이 없었다면 당연히 이 담요를 선택했을 거야. 누군가에게 포근히 안겨본 사람이라면 그 따스함을 포기할 수 없지.

포근한 털 점퍼 입기

북슬북슬한 털 점퍼를 입는다면 나무늘보를 떠올리는 데 도움이 될 거야. 베이지색을 입어도 좋고, 조류로 뒤덮인 척하고 초록색을 입어도 좋아. 양팔을 엇갈리게 해서 스스로 몸을 껴안아봐. 다른 사람이 안아주지 않아도 포근해. 그 훈훈함은 감동이야.

느긋함을 자랑할 수 있는 점프수트

나무늘보 점프수트jump suit를 본 적 있어? 여유롭고 자신감 넘치는 사람들만이 입을 수 있는 옷이야. 커다란 나무늘보처럼 보이는 옷을 입고 직장에 출근하는 용기는 아무나 가질 수 있는 게 아니야. 경찰이나 군인으로 근무하는 사람이면 더욱 안 되겠지. 나무늘보적인 깨달음에 도달했다는 것을 만천하에 알리려면 털북숭이 이 옷을 입어야 해. 다른 사람들이 모두 알아볼 수 있도록 하는 거지. 느긋하고 여유롭게 사는 당신을 이해할 수 있도록 말이야.

암컷 나무늘보는 높고 날카로운 목소리로

고함지르며 수컷을 유혹해.

왜 수컷 나무늘보들이 여기에 매력을 느끼는지는 아무도 몰라.

아, 수컷이 짝짓기를 하러 다가왔을 때 암컷들이

여전히 그러고 싶어 하는지도 모르겠고.

Chapter 15

사랑,
그게 삶의 이유야

나무늘보의 짝짓기 의식은 매우 신비로워. 전문가들조차 나무늘보들이 어떤 면에서 서로에게 끌리는지 확실히 알지 못해. 암컷 나무늘보가 높고 날카로운 소리를 내는데 이게 짝짓기를 위한 사랑노래mating call인 걸로 추정하고 있을 뿐이지. 수컷 나무늘보들이 그 시끄러운 소리가 나는 곳으로 향해 가니까. 물론 암컷 나무늘보가 한참 동안 기다려야 하지만.

좀 더 희한한 일은 발정이 난 암컷 나무늘보는 하루에 한 번 대변을 본다는 거야. 일주일에 한 번에서 매일로 업그레이드시킨 것이지. 수컷들에게 자기 존재를 알리기 위해서야. 인간의 데이트에서는 전혀 효과가 없겠지.

나무늘보의 교미는 그다지 오래 걸리지 않아. 그리고 교미가 끝난 후에는 그 어떤 미련도 갖지 않지. 앞으로도 연락하고 지낼 것인 양 인사하지만 휘청거리며 집으로 돌아가버리고 끝이야. 암컷 나무늘보와 그 새끼는 약 4년 정도 함께 지내지만, 그 이후는 혼자 살아.

나무늘보의 사랑에 대한 태도는 인간의 연애작전에서 유용하게 쓰일 수 있어. 느긋하고 나무늘보 같은 태도로 연인을 찾아 나선다면 스트레스를 덜 받게 될 거야. 시속 240미터의 속도로 같이 살 누군가를 찾게 되는 거지. 연애를 시작하기까지 도움이 될 몇 가지를 소개할게.

사랑하고 싶다면 충분히 기다려라

자신에게 안성맞춤인 사람을 찾으려면 인내심을 가져야 해. 한쪽 귓불이 다른 쪽보다 크다고 해서 완벽한 그 사람을 거절해야 한다는 의미가 아니야. 무작정 달려들라는 이야기도 아니지.

남들과의 비교도 도움 되지 않아. 그들은 컴퓨터 게임에서 점수를 쌓듯 인생 과업을 성취해나가는 것처럼 보일 거야. 어느 순간 약혼을 하나 했더니 다음 순간 결혼을 하고, 또 다음엔 집을 사더니 부모가 되어 있는 거지. 안정적인 수입과 틈만 나면 떠

나는 외국 여행은 어떻고. 불난 집에 부채질해대는 것과 마찬가지야. 보이는 것을 전부로 받아들이기 때문에 그래. 보이지 않는 곳에서는 그들도 말 못 할 고민이 있어. 살아가는 데 무조건 '행복'과 무조건 '좋음'이란 없거든.

누군가를 찾은 후에도 나무늘보의 속도는 계속 유지해야 해. 메시지가 오고 가는 간격을 충분히 두고, 내일이 아니라 다음 주에 만나자고 제안해. 부탁하건대 처음부터 모든 생활을 공유하지 마. 당신에 대해 너무 많은 것을 한번에 드러내는 건 상대방을 불편하게 만들거든. 특히 과거의 연애에 대해 세세한 것까지 밝힌다면 더 그렇지. 명심해. 나무늘보는 사랑스런 나무를 찾기 위해 절대 서두르지 않는다는 것.

다른 사람과 비교하지 않기

주위 사람과 속도를 맞추려고 스스로 닦달하면 안 돼. 피곤만 가중될 뿐이야. 나무늘보들은 나뭇가지를 따라 자기만의 속도로 조금씩 나아갈 뿐 라이벌 나무늘보가 다른 나무 위에서 무엇을 하는지 전혀 아랑곳하지 않아. 스스로 발전에 만족스러워하는 거야.

사랑하기 전에 성향 알아보기

마음이 가는 상대가 있다면 식사를 함께 해봐. 주문도 늦게 받고, 음식도 늦게 나온다고 소문난 레스토랑에서. 그리고 상대가 어떻게 행동하는지 지켜보는 거야. 계속 투덜거리면서 직원을 자꾸 호출한다면 그 사람은 좋은 나무늘보감이 아니야.

직원 서비스가 좋고 효율적으로 돌아가는 레스토랑에서도 메뉴를 정할 때 시간을 끌면서 상대방을 시험해볼 수 있어. 그리고 샐러드를 시킨 다음 나무늘보와 같은 속도로 푸성귀를 음미하는 거야. 상대방이 자꾸 시계를 들여다보는지 살펴보는 거지. 조심해야 할 것은 나무늘보적인 마음가짐에 몰두한 나머지 테이블 위 화병의 꽃까지 먹어버리는 실수를 하면 안 돼. 갑자기 잊고 있던 약속이 생각났다며 상대가 도망가버릴지도 모르거든.

일이 잘 진척된다면 긴 산책과 느긋한 저녁 시간을 제안해봐. 주말을 같이 보낼 수 있는지도 물어보고. 만약 상대가 스쿼시를 한다거나 롤러코스터 타기를 좋아한다면, 그 사람은 나무늘보적인 삶이 맞지 않는다는 신호야.

상대의 말 잘 들어주기

현재에 초점 맞추는 법을 배우면 좋은 청자가 될 수 있어. 의외로 그런 사람이 별로 없거든. 좋은 청자가 된다는 건 누군가가 털어놓는 이야기에 집중하고 그와 관련된 질문을 던지는 거야. 잘 들어야 잘 말할 수 있다는 만고의 진리는 언제 어디서든 통하니까.

잘 알아듣지 못했다면 정중히 다시 말해달라고 요청하고, 이해가 가지 않는 말이라면 "지금 한 말이 이런 뜻이야?"라고 질문해야 해. 그런다고 상대가 절대 기분 나빠하지 않아. 오히려 잘 들으려 노력하는 모습에 반할 거야.

자존심을 세울 때 매력이 높아진다

이상적으로 만들어낸 자아를 보여주려 애쓰는 건 에너지 낭비야. 진정성 있는 관계를 맺는 걸 방해할 뿐이지. 나무늘보를 봐. 미용실에 다니지도 않고 조류에 덮여 몇 개월을 살아도 그 자체로 사랑스럽잖아. 자기 모습에 얼마나 만족하는지, 얼굴에 피어나는 웃음을 보면 알잖아.

일부러 꾸민 이미지는 오래가지 못해. 충분히 매력을 발휘한다고 해도 본인이 아닌 모습으로 살아가는 것에 자괴감만 느낄 뿐이지. 상대에게 보이기 위한 꾸밈인지 자신의 만족을 위한 노력인지 깨달아보자고. 어느 때 자신이 당당하고 멋진지 관찰하는 것도 좋아. 어디에서나 빛나는 자신을 위해.

내면의 소리에 귀 기울이기

데이트가 끝난 후 생각을 짚어보는 것은 필수야. 몇 분간 숨쉬기에 집중하면서 열린 마음으로 내면의 소리에 귀 기울여 봐. 아닌 것 같으면 당기지 말고 잘 맞는다면 밀어내지 말아야지. 조건부터 따지지 말고 자신에게 솔직해지자고.

관계의 끝맺음에 과감해지기

오래 만났지만, 마음에 들었지만, 상대가 자신에게 적합한 사람이 아니란 것을 알게 될 수 있어. 데이트 상대가 아담 샌들러Adam Sandler의 코미디 영화나 극단적 백인우월주의를 옹호하는 웹사이트를 좋아한다고 말할 때는 과감하게 나무늘보 모드에서 치타 모드로 바꿔야 해. 그 사람에게서 도망쳐 나올 시간이 닥친 거지. 그때는 저녁 데이트를 피하고 손목도 허용하면 안 돼. 냉정해야 하지.

만나자고 하면 점심시간을 이용하도록 해. 오후 한 시까지는 사무실에 들어가야 하니까. 헤어지기 훨씬 더 쉽잖아. 자꾸 상대를 위하는 따뜻한 말이 나오려고 한다면 차가운 얼음이라도 입에 물어봐.

Chapter 16

유능한 부모보다
너그러운 부모가 필요하다

인생에서 나무늘보적인 행동이 난관에 부딪히는 시기는 부모 노릇을 할 때야. 엎드린 나무늘보 자세를 취하는 데 당신 등 위로 올라와 '퍼피구조대' 만화 스티커를 잔뜩 붙여놓는 아이가 있다면 긴장을 완화하는 데 전혀 도움이 되지 않아. 하지만 이 정신 사나운 시기에도 나무늘보는 좋은 롤모델이 될 수 있어.

나무늘보들은 홀로 있기를 선호하는 생물체지만 새끼를 양육할 때는 예외야. 새끼 나무늘보들은 태어난 후 몇 주간 어미에게 매달려 있거든. 자기만의 인생을 개척하기 위해 구부정하게 움직이기까지 4년 동안 어미 곁에 머물지. 하지만 독립한 이후에는 부모와 자식의 관계는 끝이라고.

인간의 부모와 자식 간 문제는 훨씬 더 복잡한 것 같아. 4년보다 훨씬 긴 기간 동안 계속되잖아. 인간의 아이들이 대학에 간 다음에도 더러운 빨래들을 모아 내놓으며 해결해달라고 하는 것을 봐. 결혼시킨 뒤에도 자식 걱정에 밤잠을 설치잖아. 헤어나고 싶지만 벗어나지 못하는 거야. 생각할 수 있는 능력과 판단력을 자랑하는 인간이라면 나무늘보의 지혜가 꼭 필요하다고 생각해.

영아기

인간의 아기는 새끼 나무늘보처럼 귀엽지 않아. 새끼 나무늘보처럼 몇 주씩 당신에게 딱 붙어 있지 않아서 다행일 뿐이지. 그렇다고 해도 부모가 된 뒤 나무늘보스러움을 연습하려면 고군분투해야 할 거야. 기껏 여유시간을 찾아냈다 하더라도 계획에 따라 모든 일이 흘러가진 않으니까. 간단한 숨쉬기 운동을 하다가 곧 코를 골기 시작할걸? 푹 고꾸라져서 그동안 밀린 몇백 시간의 잠을 보충해야 하거든.

하지만 아기를 돌보면서 평정심을 추구하는 방법이 있지. 목욕시키기, 먹이기, 유모차 밀기처럼 아기 돌보는 일과는 수련을 위한 시간으로 변신할 수 있어. 아, 기저귀 갈기는 여기서 빼게. 기저귀를 갈 때 절대 긴장을 풀어선 안 되니까.

이러한 활동을 하면서 느껴지는 신체감각에 집중하고 주의를 기울이도록 해봐. 부모가 되기 위한 초기 단계는 꽤 버겁게 마련이야. 마음에서 걱정과 불안, 즐거움이 함께 요동치지. 그럴 때일수록 자기 생각에 관심을 기울이되 곱씹지는 마. 하고 있던 단순한 일들에 계속 주의를 집중하면 돼. 주의할 점은 조급해하지 말라는 거야. 전전긍긍한다고 아이가 하루 만에 불쑥 자라지 않으니까.

유아기

아이가 걷기 시작하면 수면 부족과 육체적 피로가 더해져. 아이 뒤를 쫓아 뛰어다니고 색연필 먹으면 안 된다고 야단치다 보면 여유가 절대적으로 그리워지거든. 나무늘보 되는 지혜가 정신 줄을 놓칠 것 같은 상황에서 당신을 지켜줄 거야.

나무늘보적인 부모는 아이와 함께하는 인생이 불완전할 수밖에 없음을 받아들이지. 컵은 깨지게 마련이고, 벽은 낙서투성이고. 외출할 때 당신 티셔츠에 묻은 얼룩이 토한 자국이 아니라 우유 흘린 자국으로 보이기를 바라는 거야. 미니멀리즘을 추구하던 집은 블록으로 넘쳐나고, 장난감 소방차를 무심코 밟는 바람에 요란한 사이렌이 울리면 찰나의 평화로움조차 산산이 부서지고 마는 거지.

나무늘보 수련을 위해 저녁 시간을 활용해봐. 드러눕자마자 3초 만에 잠들더라도 평정심에 기대야 하는 순간이 내일 또 찾아올 테니까. 아이가 소리 지르고 발을 구르면서 운다든지, 아니면 당신이 딱 그렇게 하고 싶은 그런 순간은 수시로 찾아오잖아.

낮에 고요한 시간이 찾아오면 이를 최대한 활용해. 아이가 우유를 꿀꺽꿀꺽 들이키거나, 그림을 그리거나, 장난감을 가지고 노는 틈을 타 긴장을 완화시키는 데 집중하는 거야. '나는 지금 신이 부여한 가장 위대한 임무를 완수하는 중'이라고 스스로 다독이는 거지.

아동기

아이가 더 자랐어. 아이가 깨어 있는 시간은 정신없는 활동들로 가득하지. 학교에 있지 않은 시간엔 방과 후 활동을 할 것이고, 미친 듯이 숙제를 하고 있지 않을 때면 컴퓨터 게임을 한 번이라도 더 하려고 난리겠지.

에너지 넘치는 아이일지라도 이 모든 것을 다 해내다 보면 결국 진이 빠질 거야. 당신이 평화를 추구하는 것처럼 아이들에게도 똑같이 해줘. 그림 그리기라든지 시골길 산책처럼 함께할 수 있는 정적인 활동시간을 따로 마련해두는 거지. 손에 스마트폰 대신 책을 들려주는 것도 좋고. 아이 스스로 평정심의 매력을 발견할 수 있도록 다양한 방법을 제시하는 것이지.

청소년기

사춘기 아이를 보면 나무늘보로 변해버렸다고 생각할 수도 있어. 눕기의 달인이 되어버리니까. 어쩌면 머리카락에서 조류가 자라고 있을지도 몰라. 얼굴에 인상을 쓰고 있으니 망정이지, 아니었으면 나무늘보랑 구분할 수 없을 거야.

십대 아이의 정서는 평정심과는 아주 거리가 멀어. 자아정체성을 확립하려고 좌충우돌하지. 이때 부모의 나무늘보스러움은 극도로 시험에 들게 돼. 아이의 의지와 부모의 의지가 충돌하면서 소모적인 전쟁이 터지는 거야. 전쟁의 소용돌이에서 빠져나오려면 나무늘보의 차분함을 전하면서 아이들의 목소리에 진정으로 귀를 기울여야 해. 절대로 부모다운 지혜를 가르치려는 기회로 삼아서는 안 돼. 그 말이 아무리 타당하더라도 관계를 끊으려는 인상을 줄 수 있으니까.

부모는 전적으로 십 대 아이의 말에 귀 기울이고 이들이 주장하는 바를 이해해야 해. 말이 일관적이지 않더라도 정체성을 만들어가는 과정으로 받아들여야 하는 거지. 때로는 갈등이 불가피할 수도 있어. 아이는 말다툼과 반발을 통해 자기가 누구인지를 알아가는 거야. 그런 때가 닥치면 부모는 평정심을 수련할 수 있는 시간을 따로 마련해야 하지.

미래에 대한 걱정 그만두기

나무늘보는 다음 주 수요일에 무슨 일이 벌어질지 상관하지 않아.

수요일이 뭔지도 모르니까. 나무늘보가 아는 건 오직 현재뿐이야.

수영하거나, 나뭇가지에 늘어져 있거나,

남미수리 눈에 띄지 않도록 코코넛인 척하고 있는

바로 이 순간만 알아.

Chapter 17

짜증 유발요인들 잠재우는 법

지속적으로 평정심을 추구하지 않으면 언제든 사소한 것으로 인해 벼랑 끝으로 몰릴 수 있어. 자기 생활에서 짜증을 유발하는 것이 무엇인지 지속적으로 살펴야 해. 그것에 대처하는 요령도 곳간에 비상식량 쌓듯이 갖춰놔야 하지. 나무늘보만의 비법을 마음에 새겨봐.

자동차 도난경보기

모두 한 번씩 겪어봤을 거야. 한밤중 자동차 도난경보기 소리에 벌떡 일어났던 경험을. 옷을 입을 새도 없이 밖으로 튀어 나가 본 적 있지? 아니면 손가락으로 귀를 틀어막으며 짜증내는 동안 이웃이 튀어 나가는 소리를 들을 수도 있어. 그 이웃은 자기 차의 경보기가 울리는 줄 안 거야. 자동차 경보음은 다 똑같으니까.

나무늘보도 이 문제에 공감해. 때로는 파라과이 방울새나 아마존 피하새 같은 텃새들이 짝짓기하려고 부르는 노래가 너무 시끄러워서 즐거운 낮잠에서 깨기도 하니까. 잠이 깬다고 해서 눈이 말똥해지지는 않아. 그저 눈꺼풀을 움찔할 뿐.

잠을 방해하는 시끄러운 소리에 잠을 깼다 하더라도 이어서 잠을 못 이루는 건 분노에 찬 당신의 반응 탓이야. 그럴 땐 졸음이 다시 찾아오도록 머릿속 잡념을 몰아내고, 엎드린 나무늘보 자세를 취한 뒤 숨쉬기에 집중해봐.

인터넷 비밀번호

그저 신발 한 켤레 사려 했을 뿐인데, 웹사이트에 가입해야 구매 버튼을 누를 수 있어. 게다가 가입하려면 복잡한 비밀번호를 만들어내야 하잖아. 다음번에는 기억나지 않을 것이 분명하지만 어쨌든 일단 가입은 해야 하지. 요구하는 대로 따르는 거만한 웹사이트의 노예가 되는 거야.

그럴 땐 인터넷 쇼핑을 그만두고 밖으로 나가 공짜 나뭇가지나 쥐어보는 건 어때? 요가 매트나 나무늘보 점프수트같이 중요한 것들을 살 때는 제외하고 말이야. 그때도 똑같은 문제가 발생한다면 비밀번호를 종이 위에 써서 컴퓨터 옆에 붙여놓는 게 좋겠지. 집에 침입한 우락부락하고 괴팍한 놈에게 여벌의 신발을 주문할 기회는 주는 것인지도 모르지만. 잊어버린 비밀번호를 찾기 위해 또 검증받아야 하는 수고로움보다 언제 올지 모르는 그놈에게 도움 주는 법을 선택하는 거지. 위험을 감수한 만큼 비밀번호를 찾아 머리를 쥐어짜는 고통을 패스하는 길이야.

텔레마케팅 전화

당신의 전화벨이 울려. 중요한 전화인 줄 알고 샤워하다 말고 튀어 나갔는데, 수화기 건너편에서 "000 고객님이시죠?"라고 하는 거야. 아니라고 꽥 소리를 지르며 "한 번만 더 전화하면 당신들한테 보험이 필요해질 거야."라고 윽박지르지. 그런데 다시 샤워기를 트는 순간, 생계를 꾸려나가려고 열심히 사는 누군가에게 소리를 질렀다는 끔찍한 기분이 밀려드는 거야. 사춘기적 반항을 기억하는 세포가 아직도 몸속에 남아 있나 의심스럽지.

나무늘보들은 다른 누군가 때문에 절대 수영을 포기하지 않아. 그들이 아무리 크게 고함을 지른다고 해도 수영에 집중할 뿐이지. 당신이 진정으로 나무늘보다운 휴식을 취하고 싶다면 전화기를 포함한 모든 전자기기 끄는 것부터 해야 해. 방해할 가능성이 있다면 먼저 제거하는 것이 현명한 선택이야.

거슬리는 댓글

깜찍한 새끼고양이가 나오는 유튜브 영상을 봐. 어찌나 앙증맞은지 자신도 모르게 배시시 웃음이 나잖아. 영상이 끝나갈 때쯤에는 다른 사람들의 반응이 궁금해서 댓글들을 봐야겠다고 생각하지. "어머나, 진짜 귀염 뽀짝!"이라는 말과 함께 하트 이모티콘이 달려 있을 거라 기대해. 하지만 이 영상이 어쩌다 보니 우파 악플러와 선한 척하는 진보 간에 벌어지는 분노의 키보드 배틀 현장을 목격하게 되지.

온라인 뱅킹이나 나무늘보 영상물과 같이 꼭 필요한 것들이 아니라면 인터넷을 멀리하라고 조언하고 싶어. 계속 웹서핑을 하고 싶다면 댓글에는 눈 감아!

몰상식한 사람에게 상식 더해주기

기차에 자리가 하나 있어. 더 좋은 건 그 자리가 테이블석이라는 거야. 건너편에 앉은 남자는 별문제 없어 보였지. 편안하게 앉아 창밖으로 지나가는 나무들을 구경하며 행복감에 젖어들려는 찰나, 갑자기 그 남자가 전화를 걸기 시작하는 거야. 어찌나 크게 소리를 지르던지. 전화기가 필요 없어 보일 지경이었어. 그 재무팀 이언 씨가 어디에 있든지 그 남자의 고함이 들릴 테니까.

그러더니 그 남자가 또 어디엔가 전화를 걸었어. 긴 통화, 다시 걸기, 상당히 긴 통화, 하지만 어떤 통화도 다급한 내용은 없었지. 이 시끄러운 남자가 공개적으로 전화를 거는 이유는 별거 없었어. 단지 중요한 인물인 척하려는 것뿐이야.

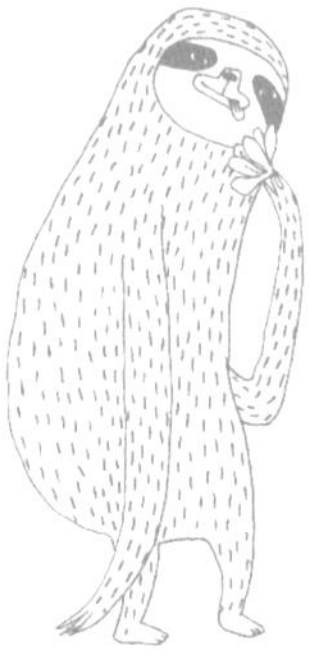

나무늘보는 이런 고통을 이해해. 뜬금없이 짖는원숭이가 나뭇가지로 튀어 올라 무시무시한 소리로 으르렁댄 적이 한두 번이 아니니까. 이 짖는원숭이들과 그 기차 안에서 만난 남자가 하는 짓이랑 별다른 바가 없지.

해결방법이 따로 있지는 않아. 나무늘보다움을 연습하면서 그 남자 목소리가 침범할 수 없는 평정심의 상태로 접어들면 돼. 콩 한 톨만큼의 복수심이 가슴에서 뒹굴거든 짖는원숭이의 울음소리를 내는 것도 하나의 방법이지. 그 기차 칸이 당신의 영역임을 깨닫고 남자가 가버릴 때까지 계속.

스포일러

몇 주 동안이나 좋아하는 TV프로그램이 어떻게 끝날지 고대하고 있었어. 어떤 반전이 있을까 기대하면서. 일부러 관련 기사도 찾아보지 않았지. 재미가 반감되니까. 하지만 그 시리즈가 끝나는 날, 지인인 듯 지인 아닌 SNS 이웃이 그 프로그램의 결말을 밝혀버린 거야. 그때 받은 맥빠짐이란 말로 표현할 수 없지.

혼자서 한바탕 욕을 퍼부어줘도 좀처럼 분이 풀리지 않아. 하지만 그렇게 노할 필요는 없어. 상대는 치를 떨고 있는 당신을 볼 수 없잖아. 어차피 결론도 대충 예감했잖아. 아무리 뜻밖의 결론이라 해도 그다지 큰 감흥을 받긴 힘들 거야. 그 드라마는 끝났으니까. 화나고 짜증날 땐 TV 앞에 앉아 있지 말고 하늘에 뜬 구름을 봐. 구름은 시시각각 변하니까 예측 불가하지. 어느 시점 어느 시각에서나 늘 새롭다는 거야.

정중하게 공격하는 사람 피하기

나무늘보는 아군과 적군을 확실히 알고 있지. 아이아이원숭이처럼 무해한 이웃이 있는가 하면 남미수리처럼 치명적인 이웃도 있으니까. 하지만 악의가 없는 척하면서 비밀리에 이를 갈거나 발톱을 세우는 존재가 없으니 매일매일 긴장하며 살지는 않아.

인간은 조금 달라. 겉으로만 봐서는 상대의 의중을 전혀 알 수가 없거든. 그러므로 상대가 정중하고 친근감 있게 말한다 해도 결정적인 자기 결점까지 고백하면 안 돼. 나중에는 타인들이 당신을 헐뜯거나 공격하는 도구로 사용하거든. 또 어떤 이들은 칭찬할 때마다 이를 상쇄하는 모욕 덧붙이기도 해. 예를 들어 "네가 이 일을 도와줘서 고마웠어. 하지만 너무 대충해 주는 바람에 내가 다시 해야 했어."라고 하지. 네가 그 일로 사과하면 정말로 '일을 대충 처리한 내 잘못'이라는 고백이 되는 거야.

이게 진짜 짜증나는 일이라는 것에 나무늘보도 동의해. 가장 좋은 수는 이를 무시하는 거야. 그들은 그저 자신을 과시하려고 그러는 것이니까. 무시하거나 반응하지 않으면 자기 공격이 먹히지 않았다는 것을 알고 금방 포기할 거야.

어쨌거나 인간관계에서도 나무늘보다움을 이어가면서 평화에 대한 감각을 키워가야 해. 상대하기 까다로운 사람들은 그 사람만의 문제로 과민하게 반응하고 예민하게 구는 거야. 매사에 의연하게 처신한다면 그 누구도 공격의 칼을 뽑기 어렵지. 질 것이 뻔한 싸움이니까.

과학기술이 주는 선물 귀하게 받기

기술이 일상생활을 천국으로 바꿔줄 거라고 믿었어. 미래에는 길고 긴 여유시간에 무엇하며 보낼까 고민할 것이라고 했지. 진짜 그래? 이제 그 미래가 왔는데 아직 여유가 없지. 왜일까?

일을 해내기는 더욱 수월해졌지만, 일이 줄어든 것은 아니야. 오히려 산더미처럼 쌓인 일에 직면해 있는 것 같아. 세탁기를 사용하는 건 개울가에 앉아 옷을 돌에 치대며 빨래하는 것보다 훨씬 쉽잖아. 그래서 옷을 한 번만 입어도 빠는 거야. 옷에 국물을 흘린 것도 아닌데.

이메일을 보내는 건 손으로 편지를 쓰는 것보다 훨씬 빠르지. 그래서 이메일을 한 번이 아닌 다섯 번을 보내고, 우편함을 뒤지던 때보다 수천 번은 더 자주 이메일을 확인해. 이 모든 행동의 이면에는 노동은 고귀하고 게으름은 죄라는 뿌리 깊은 인식이 자리 잡고 있어서 그래.

최첨단 과학 기술에 높은 관심을 보이는 것은 그다지 권하고 싶지 않아. 굳이 기술을 활용하겠다면 남는 시간의 이점을 극대화해야 해. 진공청소기나 식기세척기 사용으로 절약된 시간을 오롯이 나무늘보적인 휴식을 위해 쓰는 거야. 그것이 최첨단 시대를 누리는 비결이지.

그 남자의 잘난 척 꾹 눌러주기

맨스플레인Mansplain, Man과 Explain의 합성어이라고 들어봤어? 남자들이 여자들에게 무작정 아는 척 설명을 늘어놓는 행동, 그러니까 남자의 잘난 척을 말하는 거야. 남자는 누구나 자유롭게 올린 온라인 백과사전 위키피디아Wikipedia를 훑으면서 아는 게 많은 사람처럼 보이길 원하잖아.

나무늘보들도 열대우림에 자기들 마음대로 마구 침입해서 휴먼플레인humanplain을 하는 작자들 때문에 괴로웠던 적이 있어. 특히 동물학자이자 영화감독이랍시고 동물을 주제로 다양한 다큐멘터리를 제작하는 데이비드 아텐버러David Attenborough한테 질렸지. 그런 그가 2011년 영국 아카데미 시상식 최우수전문가상을 받았대. 그가 얼마나 열대우림을 헤집고 다녔는지 알겠지?

모욕적인 언사는 흘려들어도 되지만 맨스플레인을 하는 사람에게는 정면으로 부딪쳐야 해. 이 사람들은 의도적으로 무례하게 구는 게 아니고 단순하게 자기가 더 많이 안다고 추측하는 것뿐이거든. 그러니 그 사람을 바로잡아줄 기회를 놓치지 말아야지. 가장 거만하고 거들먹거리는 표현을 사용해 맨스플레인이 뭔지 설명해주는 거야. 자기가 저지른 일 때문에 진땀을 빼도록 말이야. 그래야 절대로 잘못을 다시 반복하지 않겠지.

전화 자동응답시스템

나무늘보는 나무를 좋아해. 간식도 주고 매달릴 가지도 제공해주니까. 하지만 인간세계에서 짜증나는 것 가운데 하나인 전화 자동응답시스템을 나무에 빗댈 수 있다는 사실에는 경악스러워.

전화 자동응답시스템은 전화를 받음과 동시에 자동으로 메뉴를 읽잖아. 각자 선택하는 어떤 지점으로 가고 싶으면 해당 번호를 눌러야 하지. 나무늘보가 나무에 매달린 것처럼 수 분 동안 그 시스템에 매달려야 하는 거야.

계속 통화 중이었다가 연결된 전화가 자동응답시스템에 접속된다면 폭발 일보 직전까지 가는 거지. 삼십 분이나 걸려 직원과 통화를 하는데 원론적인 답변뿐이잖아. 이미 웹사이트 '자주 묻는 질문'에서 보았지만 해결할 수 없는 문제였거든. 다른 부서로 연결해준다고 하는 찰나에 전화가 끊어지기도 해. 그러면 다시 전화를 걸어서 또 로봇식 자동응답 안내원의 도움을 받아야 하지. 원하는 문제를 해결하기 위해 초집중하면서.

그럴 경우 기대치를 낮추는 게 좋아. 몇 분간 숨쉬기 연습하며 느긋하게 상황을 즐기는 거야. 짜증을 내봤자 저쪽은 자동응답시스템이니 절대 알아듣지 못하잖아. 차라리 편안한 의자에 자리를 잡고, 장엄한 전화 자동응답시스템의 세계에 빠져보는 거야.

ROAD WORKS

안하무인 참아내기

영화가 시작한 지 훨씬 지난 뒤 들어와서는 수군거리는 사람들이 있어. 그 사람들은 영화에 집중하면 당연히 알 수 있는 것들을 바보같이 물어보곤 해. 그리고 눈에 거슬리도록 환한 휴대전화 화면을 들여다보면서 결말을 예측하고 뭔가를 계속 씹어먹잖아. 음료수도 후루룩 소리내며 마시고. 어디 그뿐이야? 부스럭거리며 코를 킁킁거리고 기침을 해대잖아. 어느 땐 어마어마하게 큰 모자를 쓰고선 당신 코앞에 앉지.

당신은 그 사람에게 뭔가 한 마디 해주고 싶지만, 그랬다가는 남은 시간 내내 기분이 언짢아질 것 같아 참아준다는 심정으로 그 시끄러운 소리를 들으며 앉아 있는 거고.

나무늘보는 영화를 썩 좋아하지 않아. 짜증나는 사람들이 없더라도 영화 자체가 너무 자극적이고 정신없잖아. 역대 가장 훌륭한 영화도 나무늘보 마음을 사로잡지는 못하지. 하지만 더 느리고 조용한 예술영화는 즐겨. 방해되는 사람을 만날 가능성이 없으니까. 만약 누군가 크게 숨만 쉬어도 다른 영화광들 중 한 명이 공격적으로 “쯧쯧!”이라고 할걸.

나무늘보들은 인생에서 중요한 일들을 위해

에너지를 아껴놓지.

이를테면 맛있는 나뭇잎을 찾는다거나 그런 거.

당신도 가장 중요한 것들을 위해 에너지를 아끼려고 노력해봐.

서두르지 마,
행복을 그냥 지나치잖아

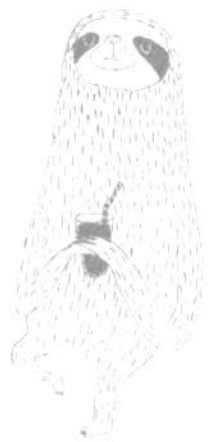

이 책을 다 읽고 나무늘보의 속도로 살아갈 영감이 샘솟는다면 영광이야. 마지막 책장을 덮기까지 《반지의 제왕》을 읽는 것만큼 오래 걸렸다면 성공한 셈이지. 인생의 모든 면에서 나무늘보의 지혜가 당신을 이끌 수 있기를 간절히 바랄게.

- 조용한 녹지대 방문하기
- 운전하는 대신 걷기
- 패스트푸드 대신 푸성귀 가득한 샐러드 먹기
- 효율을 높이기 위해 직장에서 찬찬히 일하기
- 집안의 잡동사니들 치우기
- 업무를 처리하는 속도를 반으로 줄이기
- 의미 있는 일들을 위해 에너지 아끼기

- 하루에 잠시 쉬어갈 수 있는 여유 만들기
- 집에서 이메일로 일하는 대신 책 읽기
- 한 번에 하나의 일만 하기. 그리고 그 일에만 완전히 집중하기

나무늘보의 속도로 바꾸는 일이 짧은 순간에 가능하진 않을 거야. 공항에 서둘러 가야 하는데 시속 240미터의 속도로 가는 건 분명 현명한 게 아니잖아. 하지만 생활이 얼마나 정신없이 돌아가는지에 상관없이, 언제나 나무늘보가 될 시간을 남겨두는 것은 무척 필요해.

완벽한 잎사귀를 찾기 위해 나뭇가지를 따라 움직이는 위풍당당한 생명체를 떠올려봐. 삶이 주는 스트레스는 멀어지고, 충만한 행복감에 젖은 자신을 발견하게 될 거야.

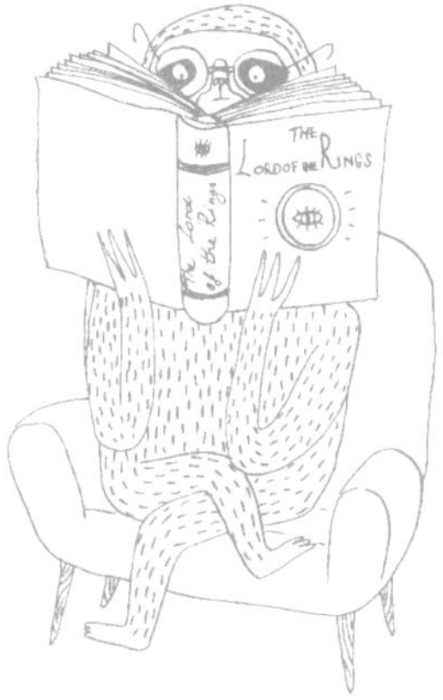

일상에서 무엇을 하든 서두르지 마.

느릿한 속도에 오롯이 집중해봐.

차분하게 나무늘보스러움을 연습하는 거야.

양치질하거나 채소를 다질 때, 침대를 정리할 때조차도.

이 모든 것이 고요한 순간을 가져다주는 하나의 방법이 될 거야.

지금이야말로 일할 때다. 지금이야말로 싸울 때다.
지금이야말로 나를 더 훌륭한 사람으로 만들 때다.
오늘 그것을 못 하면 내일 그것을 할 수 있겠는가.

토마스 아켐피스

희망과 근심, 공포와 불안 가운데
그대 앞에 빛나고 있는 하루하루를 마지막이라고 생각하라.
그러면 예측할 수 없는 시간은 그대에게 더 많은 시간을 줄 것이다.
호레스